CW01307414

100 REFLEXIVE VERBS IN SPANISH THAT YOU NEED TO KNOW

by Natalia Espinosa

© Natalia Espinosa
Silgado © TXu 2-117-414
ISBN: 9781794009240

To my boys.

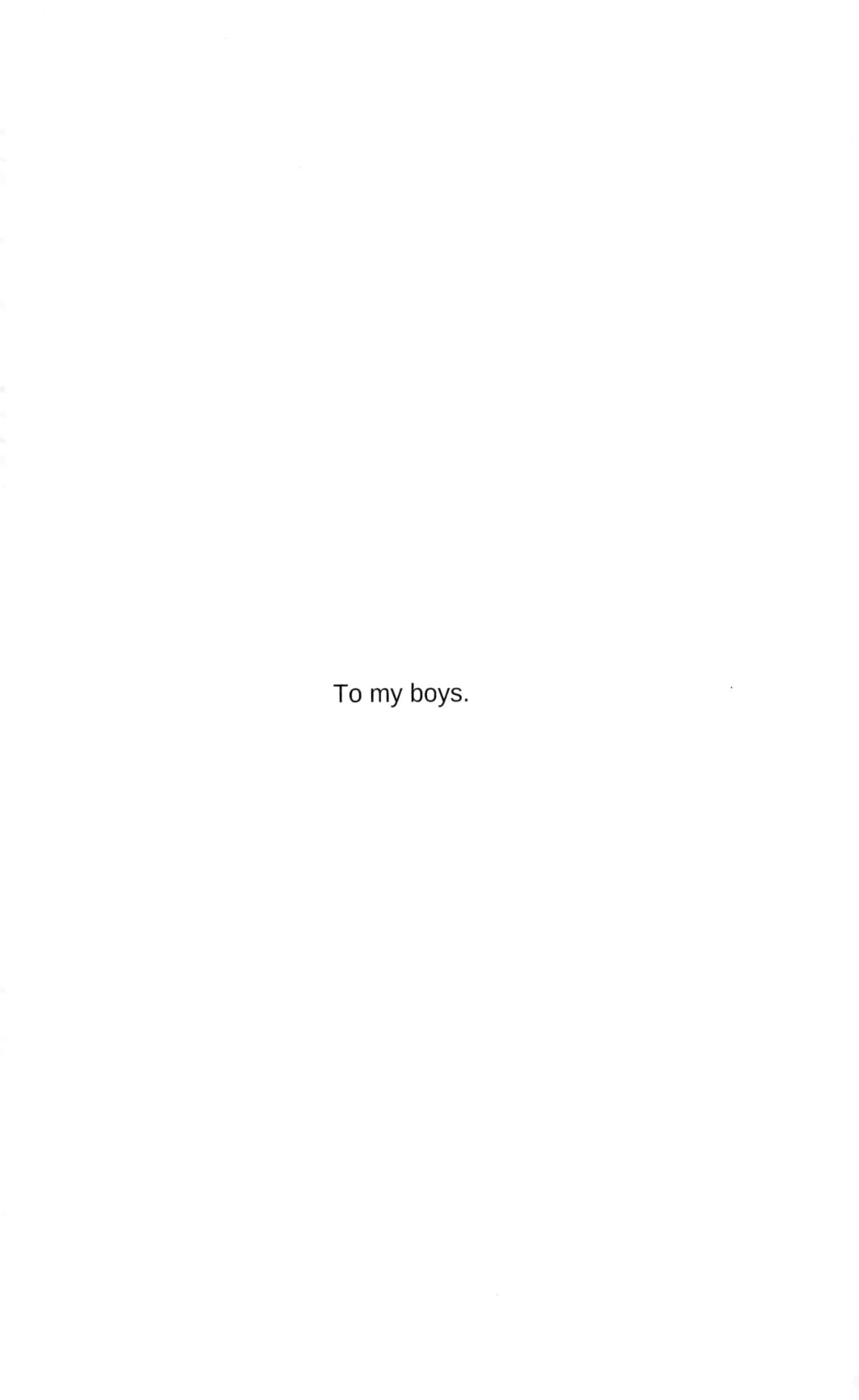

CONTENTS

Introduction	9
Frequently asked questions about Pronominal Verbs	11
Placing Pronominal Pronouns	13
ABRAZARSE	14
ACERCARSE (A)	15
ACORDARSE (DE)	16
ACOSTARSE	17
AFEITARSE	18
AGACHARSE	19
AHOGARSE	20
ALEGRARSE (DE)	21
ALEJARSE (DE)	22
APOYARSE (EN)	23
APROVECHARSE (DE)	24
ARREPENTIRSE (DE)	25
ASOMARSE (POR), (A)	26
ASUSTARSE	27
ATREVERSE (A)	28
AVERGONZARSE (DE)	29
BAJARSE	30
BAÑARSE	31
BESARSE	32
CAERSE	33
CALLARSE	34
CANSARSE (DE)	35
CASARSE (CON)	36
COLARSE	37
COMPROMETERSE (A), (CON)	38
CONECTARSE	39
CONFORMARSE (CON)	40
CONVERTIRSE (EN)	41
CREERSE	42
DARSE CUENTA (DE QUE)	43
DARSE PRISA	44
DARSE POR VENCIDO	45
DESMAYARSE	46
	47

DESPEDIRSE (DE)	48
DESPERTARSE	49
DIVERTIRSE	50
DIVORCIARSE (DE)	51
ENAMORARSE (DE)	52
ENCARGARSE (DE)	53
ENCONTRASE (CON)	54
ENFADARSE (CON)	55
ENFOCARSE (EN)	56
ENOJARSE (CON)	57
ENROLLARSE (CON)	58
EQUIVOCARSE	59
FIARSE (DE)	60
FIJARSE (EN)	61
GANARSE LA VIDA	62
GRADUARSE	63
HACERSE (CON)	64
HACERSE DAÑO	65
HACERSE EL TONTO	66
HARTARSE (DE)	67
HUNDIRSE	68
IRSE	69
JACTARSE (DE)	70
JUBILARSE	71
LAVARSE	72
LEVANTARSE	73
LLAMARSE	74
LLEVARSE	75
LLEVARSE (BIEN/MAL) CON	76
MAQUILLARSE	77
MARCHARSE	78
MEJORARSE	79
METERSE CON	80
METERSE EN	81
MOJARSE	82
MORIRSE	83
MUDARSE	84

NEGARSE (A)	85
OBSESIONARSE (CON)	86
OCURRIRSE	87
OLVIDARSE (DE)	88
PARECERSE (A)	89
PASARSE DE	90
PEINARSE	91
PERDERSE	92
PONERSE DE ACUERDO	93
PONERSE...	94
PORTARSE (BIEN/MAL)	95
PREOCUPARSE (DE), (POR)	96
PREPARARSE (PARA)	97
PRESENTARSE	98
QUEDARSE	99
QUEJARSE (DE)	100
QUITARSE	101
RASCARSE	102
RECONCILIARSE (CON)	103
RENDIRSE	104
RESFRIARSE	105
RESISTIRSE (A)	106
SALUDARSE	107
SENTARSE	108
SENTIRSE	109
SORPRENDERSE	110
TRATARSE (DE)	111
VENGARSE (DE)	112
VESTIRSE	113
VOLVERSE + ADJ	
Answers	114

INTRODUCTION

Hello!

I decided to write this book because in my experience as a Spanish teacher, the Reflexive Verbs is one of the topics I have observed many students battle, from beginners to advanced! With this book, I hope to offer a little help to those of you on this beautiful journey to learn the Spanish language.

Los Verbos Reflexivos are verbs that are linked to a reflexive pronoun of the same person as the subject of the sentence: (me, te, se, nos, os, se): despertarse (to wake up), besarse (to kiss each other), arrepentirse (to regret), etc.

There are other more complex classifications of reflexive verbs in Spanish. However, I will use a simple one so that it is understandable for any reader who is not interested in classifications.

- Reflexive when reciprocal
- In the reflexive form when the action falls on ourselves.
- Significant change in meaning
- Only exists when using the reflexive pronoun
- To emphasize

The book begins with examples showing where the reflexive pronoun should be placed according to the tense or verbal mood. The verb is then presented in its reflexive version with its reflexive meaning and conjugated in different tenses and moods. If the verb has a non-reflexive version I have provided its non-reflexive meaning conjugated in different tenses for comparison. For the rest of the book, every verb I included is presented in a flash card style.

This book will be of much help to you in your studies of the Spanish language. Remember, on the road to learning a new language, practice is the key to success. ¡Buena suerte!

FREQUENTLY ASKED QUESTIONS ABOUT REFLEXIVE VERBS

The questions and comments that I most frequently hear about RefleVerbs are as follows:

- **Where should I place the reflexive pronoun?**

It will depend on the tense and verbal mood in which we are conjugating the verb and if there are one or two verbs. Check out the next section: Placing Reflexive Pronouns.

- **Should I always "conjugate" the reflexive pronoun?**

The reflexive pronoun should always agree with the subject.

Yo	ME	baño	I take a bath
Tú	TE	levantas	You get up
Ella	SE	despierta	She wakes up
Nosotros	NOS	quedamos	We stay
Vosotros	OS	enfadáis	You guys get upset
Ellos	SE	casan	They get married

- **Reflexive verbs are always those where the action falls on themselves, right?**

Most of the time, we only think about Reflexive Verbs when the action falls on the same subject that performs it. For example: Afeitarse (to shave yourself) vs afeitar (to shave anyone else).

However, Reflexive Verbs often have a non-reflexive version with a completely different meaning.

For example: Despedirse (to say goodbye) vs despedir (to fire someone).

And sometimes, reflexive verbs need to be always conjugated with the reflexive pronoun(there isn't a non-reflexive version of the verb). In Spanish, these verbs only make sense with the reflexive pronoun. *For example: Quejarse (to complain) doesn't have a non-reflexive version.*

- **Why for the third person singular (he, she or usted) is the pronoun "se" and not "le"?**

Because Reflexive Pronouns are: me, te, se, nos, os, se but Indirect Object Pronouns are: me, te, le, nos, os, les.

- **How serious is it if I do not use the reflexive pronoun? Can a Spanish speaker understand what I'm saying if I omit the pronoun?**

The answer depends on the type of Reflexive Verb.

- **I hate reflexive verbs! ... (tone of discouragement)**

Wait. We have all been at that point concerning a subject that seems tangled or complicated, BUT for that reason that's why I wrote this book. While Reflexive Verbs may seem a little tangled at first, once you know where to place the pronouns and how the meanings of the verbs change when used or not, it becomes just a matter of practice.

PLACING REFLEXIVE PRONOUNS

Indicative & Subjunctive Mood (all tenses)

1 VERB

In affirmative sentences and affirmative questions, REFLEXIVE pronouns generally appear before the conjugated verb.

Yo (me) afeito.

Yo no (me) afeito.

In negative sentences and negative questions, the REFLEXIVE pronoun is placed between the word no and the verb.

2 VERBS = 2 options

With two verbs, there are two options:

Yo (me) quiero afeitar.

1- Place the REFLEXIVE pronoun before the conjugated verb
2- Attach the pronoun to the second verb.

Yo quiero afeitar(me.)

Before the conjugated verb (the first verb)
Yo (me) estoy afeitando.

Yo estoy afeitándo(me.) Attached to the second verb.

Imperative Mood (Afirmative commands)

Aféita(te)
¡Quejém(onos)!   Attached to the verb.

13

abrazarse

to hug each other

> Reflexive when reciprocal

Ellos **se abrazan** antes de ir a dormir.
They hug each other before going to sleep.

No **os abracéis** aquí.
Don't hug each other here.

abrazar

to hug

Ella **abraza** a su madre.
She hugs her mother.

In this example, me is a DO pronoun!

No **me abraces** en público.
Don't hug me in public.

Abrazar is not reflexive if it doesn't have the meaning of hugging each other. In that case, it will be accompanied by Direct Object=the person receiving the hug (or by a DO pronoun). Other verbs like abrazar: acariciarse vs. acariciar (to caress), besarse vs. besar (to kiss), tocarse vs. tocar (to touch), mirarse vs mirar (to look).

¡VAMOS A PRACTICAR! ABRAZARSE VS ABRAZAR

1. El soldado __abraza__ a la chica. (presente)
2. Nosotros __nos abrazamos__ en la playa. (pretérito simple)
3. Los estudiantes __se abrazan__ como gesto de protesta. (presente)
4. Mi madre __abrazó__ a mi hermana para calmarla. (pretérito simple)

acercarse

In the reflexive form when the action falls on ourselves.

to move closer, to approach, to get closer

Acércate más a la mesa para salir en la foto.
Get closer to the table to get in the photo.

acercar

to move something closer, to bring someone

¿Quién va a **acercar** al abuelo al doctor?
Who is bringing grandpa to the doctor?

No **acerques** la comida a la estufa.
Don't move the food to the stove.

¡VAMOS A PRACTICAR! ACERCARSE VS ACERCAR

1. Ana _acercó_ a su prima al trabajo. (pretérito simple)
2. Nosotros _nos acercaremos_ a veros antes de salir. (futuro)
3. ¿Puedes _acercar_ el vino a la mesa? (presente)
4. Mi padre se _acercará_ a su amigo para pedirle consejo. (futuro)

acordarse (de)

Significant change in meaning

to remember, to think about someone or something

Me acuerdo de ti.
I remember you.

Antes **se acordaba** mucho de su exnovia.
He used to think about his ex.

acordar

to agree

Acordamos que esperaríamos a ver cómo evolucionan los resultados.
We agreed that we would wait to see how the results evolve.

Acordar has a completely different meaning than it's reflexive version!

¡VAMOS A PRACTICAR! ACORDARSE VS ACORDAR

1. Ana y Luis _se acuerdan_ de nosotros y nos llamaron para saludar. (presente)
2. Los empleados _acordaron_ no ir a la huelga. (pretérito simple)
3. Me gusta _acordarme_ de aquellos años cuando vivíamos en Londres. (gustar + infinitivo)
4. Ellos van a _acordar_ algo para solucionar toda la situación. (ir a + infinitivo)

acostarse

to lay down / to go to bed

> In the reflexive form when the action falls on ourselves.

2 verbs = 2 options!

Vamos a **acostarnos** sobre la arena.
Nos vamos a **acostar** sobre la arena.
We are going to lie down on the sand.

acostar (a)

to put in bed / to bed

En cuanto **acosté** a los niños empecé a leer mi libro.
As soon as I put the children to bed I started reading my book.

¡VAMOS A PRACTICAR! ACOSTARSE VS ACOSTAR

1. Ayer __me acosté__ a las 12:30 de la mañana. (nosotros, pretérito simple)
2. ¿A qué hora __acuestas__ normalmente a tus hijos? (presente)
3. Nos gusta __acostarnos__ sobre la cama recién hecha para ver la televisión. (gustar + infinitivo)
4. En cuanto __acostó__ a sus hijos se fueron al cine. (ellos, pretérito simple)

afeitarse
to shave

> In the reflexive form when the action falls on ourselves.

Mi papá **se afeita** todas las mañanas.
My dad shaves every morning.

2 verbs = 2 options!

Voy a afeitarme mañana.
Me voy a afeitar mañana.
I'm going to shave tomorrow.

afeitar (a)
to shave

El pastor **afeitará** a sus ovejas mañana.
The shepherd will shave his sheep tomorrow.

Afeitar when used as non-reflexive means to shave someone or something other than yourself.

¡VAMOS A PRACTICAR! AFEITARSE VS AFEITAR

1. No _me afeitaré_ más con esa cuchilla. (yo, futuro)
2. Luis, no _te afeites_ antes de ir a la playa. (imperativo)
3. ¿Vas a _afeitar_ a tus perros? (ir + infinitivo)
4. Los peluqueros _afeitan_ a sus clientes con esa máquina. (presente)

agacharse

to crouch down / to duck / to bend

> In the reflexive form when the action falls on ourselves.

¡Agáchate!
Duck!

Me estoy agachando para que no me encuentre la policía.
I'm crouching down so the cop will not find me.

agachar

to hang somebody's head / to duck

Ella siempre **agacha la cabeza** cuando su madre la regaña aunque luego no hace caso.
She always bows her head when her mother scolds her but then ignores her.

The non-reflexive version of agacharse is not as common. However we can find these expressions such as agachar la cabeza or agachar las orejas with the sense of humbly giving in or humiliating yourself.

¡VAMOS A PRACTICAR! AGACHARSE VS AGACHAR

1. No _te agaches_ cuando estás bailando. (imperativo)
2. ¿Por qué _te estás agachando_? (tú, presente continuo)
3. Tu tía se puso triste, no dijo nada, solo _agachó_ la cabeza y comenzó a llorar. (pretérito simple)
4. No te conviene pelear con tu papá. Mejor _agacha_ la cabeza y hazle caso. (imperativo)

ahogarse
to drown

> In the reflexive form when the action falls on ourselves.

2 verbs = 2 options!

¡Ayúdale! ¿No ves que **se está ahogando?**
¡Ayúdale! ¿No ves que **está ahogándose?**
Help him! Don't you see he's drowning?

ahogar
to drown

Está en el bar desde el sábado. **Está ahogando** las penas en alcohol.
He has been at the bar since Saturday. He is drowning his sorrows in alcohol.

Ahogar when used as non-reflexive means to drown someone other than yourself. Ahogar is usually used in the expression "Ahogar las penas en alcohol" (to drown your sorrows in alcohol)

¡VAMOS A PRACTICAR! AHOGARSE VS AHOGAR

1. La policía _ahogó_ a uno de los criminales cuando trataba escapar. (pretérito simple)
2. Nadie sabía que aquellos muchachos no sabían nadar. _Se ahogaron_ cuando cayeron al mar (pretérito simple)
3. Todos creían que iba a _ahogarse_ pero el perrito comenzó a nadar y llegó a la superficie. (ir a + infinitivo)
4. Los borrachos _ahogan_ las penas en alcohol en este bar. (presente)

alegrarse (de)
to be glad

> Significant change in meaning

¡Me alegro!
I'm glad!

Nos alegramos mucho de volver a verte.
We were very glad to see you again.

alegrar (a)
to cheer up

La buena energía de tu padre **alegra** a todo el mundo.
Your dad's good vibes cheer everyone up.

¡VAMOS A PRACTICAR! ALEGRARSE VS ALEGRAR

1. Mi mamá siempre _se alegra_ de verte. (presente)
2. Diego es tan alegre que siempre _alegra_ todas las fiestas. (presente)
3. Sus perritos _se alegraron_ cuando nos escucharon. (pretérito simple)
4. Las buenas noticias _alegra_ a todo el mundo. (presente)

alejarse (de)
to get away / go away

> In the reflexive form when the action falls on ourselves.

2 verbs = 2 options!

Nos estamos alejando demasiado de la casa.
Estamos alejándonos demasiado de la casa.
We are moving too far from the house.

alejar (a)
to move off / to push away / to move away

Por favor, **aleja** a tu perro de aquí.
Please, move your dog away from here.

¡VAMOS A PRACTICAR! ALEJARSE VS ALEJAR

1. No quería _alejarme_ de vosotros, solo es que no tengo mucho tiempo últimamente. (querer + infinitivo)
2. Por favor, _aleja_ a los niños del fuego. Es peligroso. (tú, imperativo)
3. Mis amigas _se alejaron_ de la casa y luego no sabían regresar. (pretérito simple)
4. _aleja_ a tus amigos del jardín, hay muchos mosquitos. (imperativo)

apoyarse (en)
to lean on / to rely on

> In the reflexive form when the action falls on ourselves.
>
> Significant change in meaning

Nos apoyaremos en ese muro para la sesión de fotos.
We will lean on that wall for the photo shoot.

Se apoyó en su familia cuando perdía el trabajo.
He relied on his family when he lost his job.

apoyar
to support / to back / to stand

Apoyaremos todos tus proyectos.
We will support all your projects.

Apoyaron ese muro sobre aquella base de piedra.
They stood the wall on the stone base.

¡VAMOS A PRACTICAR! APOYARSE VS APOYAR
1. Mis amigos ___apoyan___ todas mis decisiones. (presente)
2. Nosotros ___nos apoyaremos___ en nuestra familia en este momento tan difícil. (futuro)
3. Los profesores ___apoyaran___ nuestra decisión. (futuro)
4. Siempre ___me apoyo___ en ti en estos momentos tan duros para mí. (yo, presente)

aprovecharse (de)

Significant change in meaning

to take advantage (in a bad way) / to abuse

2 verbs = 2 options!

Su novia **se está aprovechando** de él.
Su novia **está aprovechándose** de él.
His girlfriend is taking advantage of him.

aprovechar

to leverage / to take advantage

Aprovechamos todos los recursos que tenemos.
We take advantage of all the resources we have.

¡VAMOS A PRACTICAR! APROVECHARSE VS APROVECHAR

1. Todos estos años, su madrastra _se aprovechó_ del dinero de su padre. (pretérito simple)
2. No me lo pensé dos veces. _aproveché_ el buen tiempo y me fui a la playa. (pretérito simple)
3. Pedro _se aprovecha_ de que Ana es muy buen estudiante y le hace su tarea. (presente)
4. Los elefantes _aprovecharon_ el calor y salieron a dar un paseo por la explanada. (pretérito simple)

arrepentirse (de)
to regret

> Only exists when using the reflexive pronoun

No **me arrepiento** de haber venido a la fiesta.
I don't t regret having come to the party.

Mi tía **se arrepintió** de dejar a su hermana sola en casa.
My aunt regretted leaving her sister alone at home.

No **nos arrepentiremos** de esta decisión.
We won't regret this decision.

¡VAMOS A PRACTICAR! ARREPENTIRSE

1. Yo me ~~arrepenti~~ *arrepentí* de lo que te dije en aquella fiesta. (pretérito simple)
2. No *te arrepientas* de lo que hiciste. (imperativo)
3. ¿Por qué *te arrepientes* siempre de las cosas que haces? (presente)
4. No me gusta *arrepentirme* de las cosas que digo. (gustar + infinitivo)

asomarse (por) / (a)
to lean out

> In the reflexive form when the action falls on ourselves.

2 verbs = 2 options!

El actor **se está asomando** por la ventana.
El actor **está asomándose** por la ventana.
The actor is leaning out the window.

asomar
to put out / to stick out

Los cachorrillos **asomaron** sus patitas por debajo de la puerta.
The puppies poked their legs under the door.

¡VAMOS A PRACTICAR! ASOMARSE VS ASOMAR

1. No **te asomes** ahora, hay mucha gente. (tú, imperativo)
2. ¿Para qué **asomas** por la ventana con esa ropa? (tú, presente)
3. Los niños **asomaron** sus manos por la puerta para saludar. (pretérito simple)
4. Yo no **me asomé** por el balcón, la puerta estaba cerrada. (pretérito simple)

asustarse
to get scared

> In the reflexive form when the action falls on ourselves.

Me asusto con facilidad.
I get scared easily.

Mis amigas **se asustaron** cuando no me encontraron en la plaza.
My friends were scared when they didn't find me in the plaza.

asustar (a)
to scare

Los truenos **asustan** a los niños.
The thunders scare the children.

¡VAMOS A PRACTICAR! ASUSTARSE VS ASUSTAR
1. Antes _me asustaba_ la oscuridad. (yo, pretérito imperfecto)
2. ¿Por qué _asusta_ al niño? (él, presente)
3. _Nos asustamos_ cuando nos dimos cuenta de que no habíamos apagado el horno. (pretérito simple)
4. Esas máscaras de monstruos _asustarán_ a todos los invitados. (futuro)

atreverse

to dare

> Only exists when using the reflexive pronoun

¿**Te atreverás** a saltar desde ese puente?
Will you dare to jump from that bridge?

No **te atrevas** a hablarme así.
Don't you dare talk to me like that.

No **me atrevo** a decirte la verdad.
I dare not tell you the truth.

¡VAMOS A PRACTICAR! ATREVERSE

1. Ana, ¿_te atreverías_ a ir a una casa encantada conmigo? (condicional)
2. Mi hermano y yo no _nos atrevimos_ a decirle la verdad a mi madre. (pretérito simple)
3. Los abogados no _se atreverán_ a cobrarle más por sus servicios después del resultado del juicio. (futuro)
4. Me gusta _atreverme_ a hacer cosas nuevas. (gustar + infinitivo)

avergonzarse (de)
to be ashamed

> In the reflexive form when the action falls on ourselves.

No **me avergüenzo** de mi pasado.
I'm not ashamed of my past.

¿Crees que tu amiga **se avergonzaría** si te viera con esa ropa?
Do you think your friend would be ashamed if she saw you with those clothes.

avergonzar (a)
to embarrass

Su hermana siempre **avergüenza** al resto de la familia.
His sister always embarrasses the rest of the family.

¡VAMOS A PRACTICAR! AVERGONZARSE VS AVERGONZAR

1. Pedro, ¿Por qué te avergonzar*ía* de tu familia? (presente)
2. Pedro ¿Por qué avergonza a tu familia? (presente)
3. Los futbolistas avergonzaron al público con su mal resultado. (pretérito simple)
4. Su abuela se avergonza de que su nieta no es muy inteligente. (presente)

bajarse
to download / to get off

> **Significant change in meaning**
> In the reflexive form when the action falls on ourselves.

Luisa **se bajó** del coche dando gritos.
Luisa got out of the car shouting.

Su novio **se baja** música ilegalmente todos los días.
Her boyfriend illegally downloads music everyday.

bajar
to get off / to take down / to go down

Los precios de las acciones **bajan** todos los días.
The prices of the shares go down every day.

¡VAMOS A PRACTICAR! BAJARSE VS BAJAR

1. Mis amigas _se bajaron_ la última película de Antonio Banderas de internet. (pretérito simple)
2. ¿Puedes _bajar_ un poco la música? (poder + infinitivo)
3. Antonio _se baja_ todos los podcast de la página de la escuela. (pretérito simple)
4. Emilia _baja_ las escaleras muy deprisa todas la mañanas para no perder el autobús. (presente)

bañarse

to bathe / to go in the water

> In the reflexive form when the action falls on ourselves.

Me baño todos los días.
I bathe every day.

Nos bañamos en el mar.
We swam in the sea.

bañar

to bathe

La niñera **baña** a los niños.
The nanny bathes the children.

¡VAMOS A PRACTICAR! BAÑARSE VS BAÑAR

1. Hoy los niños no quieren _bañarse_ . (querer + infinitivo)
2. ¿Puedes _bañar_ al bebé? (poder + infinitivo)
3. No _me bañé_ en la piscina, el agua estaba helada. (yo, pretérito simple)
4. No _bañes_ a la niña en el mar, hoy parece muy peligroso. (tú, imperativo)

besarse

to kiss each other

Reflexive when reciprocal

En España, **nos besamos** al presentarnos.
In Spain, we kiss each other when introducing ourselves.

Gerardo y yo **nos besamos** en la playa.
Gerardo and I kissed on the beach.

besar

to kiss

No **beses** a Ana porque está enferma.
Don't Kiss Ana because she is sick.

*reference the verb abrazar

¡VAMOS A PRACTICAR! BESARSE VS BESAR

1. ¿A quién __besaba__ tu hermana ayer? (pretérito imperfecto)
2. Ellos __se besan__ a todas horas. Están muy enamorados. (presente)
3. No le __bese__. Está enfermo y puede contagiarte. (tú, imperativo)
4. Fue muy romántico. Ella y yo __nos besamos__ al atardecer en la playa. (pretérito simple)

caerse
to fall down

> **To emphasize**
> In the reflexive form when the action falls on ourselves

2 verbs = 2 options!

Esos niños **se van a caer** por el puente si siguen jugando ahí.
Esos niños **van a caerse** por el punte si siguen jugando ahí.
Those kids are going to fall off the bridge if they keep playing there.

caer
to fall

Los precios de las acciones **caen** todos los días.
The prices of the shares fall every day.

The meaning of caerse vs caer is practically the same. We can use it interchangeably most of the time. We could say that the reflexive version helps us to emphasize the action of falling.

¡VAMOS A PRACTICAR! CAERSE VS CAER

1. Me duele la cabeza porque ayer __me caí__ al bajar del coche y me la golpeé contra el suelo. (pretérito simple)
2. La gente comenta que el precio de las Bitcoins __se caerá__ un día de estos. (futuro)
3. Los cachorritos __se caían__ de la caja por eso les compré esta más grande. (pretérito imperfecto)
4. Los copos de nieve que __caen__ son hermosos y muy grandes. (presente)

callarse
to say nothing / to shut up

> In the reflexive form when the action falls on ourselves.

Me callé para no hacer un escándalo.
I kept quiet so as not to make a fuss.

2 verbs = 2 options!

No **nos vamos** a callar.
No **vamos a callar**.
We are not going to shut up.

callar (a)
to hush / to silence

El doctor **calló** a todos en la habitación para que la paciente pudiera descansar.
The doctor silenced everyone in the room so the patient could rest.

¡VAMOS A PRACTICAR! CALLARSE VS CALLAR

1. Ella _se calla_ para evitar más problemas. (presente)
2. La mamá _calló_ a su hija porque no paraba de gritar. (pretérito simple)
3. Los policías _callaron_ a la multitud. (pretérito simple)
4. Los niños _se callaron_ cuando vieron a su papá. (pretérito simple)

cansarse (de)
to get tired

> In the reflexive form when the action falls on ourselves.

Me cansé de su falta de empatía.
I got tired of his lack of empathy.

Sus hijos **se cansan** de todo.
Your children get tired of everything.

cansar
to make someone tired

Sus chistes malos **cansan** a sus jefes.
Her bad jokes tire her bosses.

¡VAMOS A PRACTICAR! CANSARSE VS CANSAR

1. Yo _me cansé_ de esperarlo todos los días… Por eso cortamos. (pretérito simple)
2. La perrita corre muy rápido y _cansa_ a mis padres. (presente)
3. Tu hermana _se cansará_ de vivir tan lejos. (futuro)
4. ¡Hacer tanto ejercicio _cansa_ a cualquiera! (presente)

cansarse (de)
to get tired

> In the reflexive form when the action falls on ourselves.

Me cansé de su falta de empatía.
I got tired of his lack of empathy.

Sus hijos **se cansan** de todo.
Your children get tired of everything.

cansar
to make someone tired

Sus chistes malos **cansan** a sus jefes.
Her bad jokes tire her bosses.

¡VAMOS A PRACTICAR! CANSARSE VS CANSAR

1. Yo _____ de esperarlo todos los días... Por eso cortamos. (pretérito simple)
2. La perrita corre muy rápido y _____ a mis padres. (presente)
3. Tu hermana _____ de vivir tan lejos. (futuro)
4. ¡Hacer tanto ejercicio _____ a cualquiera! (presente)

36

casarse (con)
to get married

> Reflexive when reciprocal

Todas las parejas del pueblo **se casan** en esta iglesia.
All the couples in town get married in this church.

Mis dos hermanas **se casaron** con el amor de su vida.
My two sisters married the love of their life.

casar
to marry

El capitán del barco **casa** a los novios ~~los viernes~~ el sábado.
The captain of the ship will marry the couple on Saturday

*reference the verb abrazar

¡VAMOS A PRACTICAR! CASARSE VS CASAR

1. Me gustaría _casarme_ con él. (gustar + infinitivo)
2. ¿Es cierto que los capitanes de barco pueden _casar_ a la gente? (poder + infinitivo)
3. ¡No _se casen_ ustedes dos! (imperativo)
4. Nosotros _nos casaremos_ el próximo verano. (futuro)

37

colarse

to cut (line, queue) / to sneak in

>Significant change in meaning

Ella y su hermana **se colaron** en la boda sin invitación.
She and her sister snuck into the wedding without an invitation.

Esa señora **se ha colado**.
That lady has cut in line.

colar

to strain

Después de hervir la leche, **cuélala** y métela en el frigorífico.
After boiling the milk, strain it and put it in the refrigerator.

¡VAMOS A PRACTICAR! COLARSE VS COLAR

1. Disculpe caballero, esta es la cola. No ___se cole___. (imperativo)
2. Tienes que ___colar___ al caldo antes de ponerlo en la olla (tener que+infinitivo)
3. ¿Crees que ese hombre ___se coló___ en el avión? (pretérito simple)
4. Me gusta ___colar___ la salsa después de licuarla. (gustar +infinitivo)

comprometerse

Significant change in meaning

(a) to commit, (con) to engage

Me comprometí a ayudarte y así lo haré.
I committed to help you and so I will.

Ana y Pedro ya **se han comprometido** a visitarnos el próximo verano.
Ana and Pedro have already committed to visit us next summer.

comprometer

to involve

Las fotos que aparecieron en las noticias **comprometen** a varios políticos.
The photos that appeared in the news involve several politicians.

¡VAMOS A PRACTICAR! COMPROMETERSE VS COMPROMETER

1. Yo no _Me comprometí_ a nada. (pretérito simple)
2. Yo no _me comprometí_ con él. (pretérito simple)
3. Ellos _se comprometerán_ a lo que sea con tal de que firméis el contrato. (futuro)
4. Me gustaría _comprometerme_ con tu hermano. (gustar + infinitivo)

conectarse

to connect (to wifi, network)

In the reflexive form when the action falls on ourselves.

Me conecto en dos minutos y empezamos nuestra sesión.
I'll connect in two minutes and we'll start our session.

Conéctate a la red de invitados.
Connect to the guest network.

conectar

to connect

Cuando **conecté** la computadora empezamos a trabajar.
When I connected the computer we started working.

¡VAMOS A PRACTICAR! CONECTARSE VS CONECTAR

1. No puedo ___Conectarme___. La red tiene una contraseña. (presente)
2. Ya ___he conectado___ la lavadora. (yo, pretérito perfecto compuesto)
3. Ana, ___Conecto___ la cafetera. (imperativo)
4. Tus amigos nunca ___Se conectaron___ al Zoom a tiempo. (pretérito simple)

conformarse (con)

`Significant change in meaning`

to resign yourself / to be OK with...

¿**Te conformarías** con un coche de segunda mano?
Would you be ok with preowned car?

2 verbs = 2 options!

No **me voy a conformar** con una casa tan pequeña.
No **voy a conformarme** con una casa tan pequeña.
I'm not going to resign myself to such a small house.

conformar

to define

Conformaremos todos los preparativos para la boda.
We'll define all the preparations for the wedding.

¡VAMOS A PRACTICAR! CONFORMARSE VS CONFORMAR

1. Beatriz, no _te conformes_ con menos. Tú vales mucho. (imperativo)
2. Cuando ellos _conformen_ el plan, podremos irnos. (presente subjuntivo)
3. Tu hermano es muy sencillo, siempre _se conforma_ con cualquier cosa. (presente)
4. No te preocupes, mañana nosotras _conformaremos_ un plan. (futuro)

convertirse (en)
to change into / to become

Significant change in meaning
In the reflexive form when the action falls on ourselves.

El gusano **se convirtió** en mariposa.
The worm became a butterfly.

Ella **se convertirá** en una hermosa mujer.
She'll become a beautiful woman.

convertir
to convert

Las costureras **convertirán** tu vestido en una obra de arte.
The seamstresses will turn your dress into a work of art.

¡VAMOS A PRACTICAR! CONVERTIRSE VS CONVERTIR

1. De pequeña era la más fea, pero creció y __se convirtió__ en la más guapa. (pretérito simple)
2. Cuando era joven parecía antipático pero __se convirtió__ en el hombre más amable del mundo. (pretérito simple)
3. Dicen que ella es tan buena en los negocios que __convierte__ todo en oro. (presente)
4. Mamá, no __conviertas__ este tema en algo público. (imperativo)

creerse
to believe / to believe oneself

> In the reflexive form when the action falls on ourselves.
>
> Significant change in meaning

Tania **se creyó** todas las mentiras que le dijeron.
Tania believed all the lies they told her.

Tu amiga **se cree** muy lista.
Your friend thinks she's so smart.

Creerse is used to talk about a person's thoughts or considerations about her or himself (and the person speaking disagrees).

creer
to believe / to think

Yo **creo** que mañana hará buen clima.
I think the weather will be good tomorrow.

¡VAMOS A PRACTICAR! CREERSE VS CREER

1. Tu primo __se cree__ muy listo pero lo engañaron en el mercadillo. (presente)
2. Nuestras amigas __creían__ que nosotras éramos de Francia. (pretérito imperfecto)
3. Javier, no __creas__ todo lo que escuchas. (imperativo)
4. Ella __se cree__ el centro del universo. (presente)

darse cuenta de (que)

Only exists when using the reflexive pronoun

to realize / to notice

¿Te has dado cuenta de que ellos no se hablan?
Have you noticed that they don't t speak to each other?

Ella no **se dio cuenta de que** él la engañaba.
She didn't realize that he was cheating on her.

Nunca **me doy cuenta de** cuando él me mira.
I never realize when he looks at me.

¡VAMOS A PRACTICAR! DARSE CUENTA DE (QUE)

1. ¿De verdad no _te diste cuenta_ de que me gustabas? (pretérito simple)
2. No puedo creerme que tu mamá no _se da cuenta_ de cómo le habla tu hermano. (presente)
3. Ellos _se darán cuenta_ de toda la verdad cuando hablen con el abogado. (futuro)
4. ¿Crees que Ana _se daría cuenta_ la verdad si habláramos con ella? (condicional)

darse prisa
to hurry

> Only exists when using the reflexive pronoun

Nos daríamos más **prisa** si nos dijeras a qué hora es la fiesta.
We'd hurry if you told us what time the party is.

Date prisa, por favor.
Hurry, please.

¿Puedes **darte prisa?**, por favor.
¿**Te** puedes **dar prisa**?, por favor.
Can you hurry please?

¡VAMOS A PRACTICAR! DARSE PRISA

1. Sergio, ¿puedes _darte prisa_? Vamos a llegar tarde. (poder + infinitivo, presente)
2. Señores, _dense prisa_. (imperativo)
3. Si no _te das prisa_ vas a perder el tren. (tú, presente)
4. Quiero _darme prisa_ porque va a empezar una película que quiero ver. (querer + infinitivo)

… # darse por vencido
to give up

> Only exists when using the reflexive pronoun

Vencido, vencida, vencidos or vencidas must agree in gender and number with the subject of the sentence.

<u>Elena</u> **se dio por <u>vencida</u>** y dejó las clases de baile antes de aprender a bailar tango.
Elena gave up and left the dance classes before learning to dance tango.

<u>David</u> no **se dará por <u>vencido</u>**, seguirá estudiando español hasta que lo hable perfectamente.
David won't t give up, he'll continue studying Spanish until he speak it perfectly.

<u>Los manifestantes</u> no **se darán por <u>vencidos</u>**, seguirán protestando por sus derechos.
The protesters won't t give up, they'll continue protesting for their rights.

In this example, vencidos agrees in gender and number with los manifestantes.

¡VAMOS A PRACTICAR! DARSE POR VENCIDO

1. _Me doy por vencido_ (yo, presente) Ya no voy a hacer más esta dieta.
2. Ella nunca _se dará por vencida_. Es la chica más terca que conozco. (futuro)
3. Los estudiantes no _se dieron por vencidos_ y reclamaron ante el rector por las injusticias. (pretérito simple)
4. Después de un tiempo, él _se dio por vencido_. (pretérito simple)

46

desmayarse
to faint / to pass out

> Only exists when using the reflexive pronoun

Me desmayé cuando vi las noticias en la televisión.
I passed out when I saw the news on television.

2 verbs = 2 options!

Te vas a desmayar cuando te cuente a quién vi ayer.
Vas a desmayarte cuando te cuente a quién vi ayer.
You'll faint when I tell you who I run into yesterday.

Mi hermana de pequeña **se desmayaba** frecuentemente.
When my sister was little she fainted often.

¡VAMOS A PRACTICAR! DESMAYARSE

1. No desayuné esta mañana y ___me desmayé___ en el gimnasio. (pretérito simple)
2. Creo que mis amigas van a ___desmayarse___ cuando les cuente la nueva noticia. (ir a + infinitivo)
3. ¿___te desmayarías___ si vieras a tu actor favorito en persona? (condicional)
4. Tengo que ir al doctor. Ahora ___me desmayo___ casi todos los días. (presente)

despedirse (de)
to say goodbye

Significant change in meaning

Estoy triste, no **me despedí** de mi abuela esta mañana.
I'm sad, I didn't say goodbye to my grandma this morning.

Despídete de todos y vámonos.
Say goodbye to everyone and let's go.

despedir (a)
to fire

Ayer **despidieron** a mi padre de su trabajo.
Yesterday, they my dad got fired.

¡VAMOS A PRACTICAR! DESPEDIRSE VS DESPEDIR

1. Chicos, ¿__os despediteis__ de vuestra abuela? (pretérito simple)
2. He escuchado que van a __despedir__ al nuevo director de la planta (ir +infinitivo)
3. No me gusta el nuevo fotógrafo. __despídelo__ (tú, imperativo)
4. Nosotros __nos despediremos__ de ellos en la cena. (futuro)

48

despertarse

In the reflexive form when the action falls on ourselves.

to wake up

Hoy **me desperté** a las 6 de la mañana.
Today I woke up at 6 in the morning.

2 verbs = 2 options!

Mañana **nos vamos a despertar** a las 8.
Mañana **vamos a despertarnos** a las 8.
Tomorrow we'll wake up at 8.

despertar
to wake up

Todas las mañanas **despierto** a Sergio a las 7 a.m.
Every morning I wake Sergio up at 7 a.m.

¡VAMOS A PRACTICAR! DESPERTARSE VS DESPERTAR

1. Hoy yo no podía _despertarme_ .(poder + infinitivo)
2. ¿Puedes _despertarme_ a las 6, por favor? (poder + infinitivo)
3. Anoche nosotros _nos despertamos_ a las 4 de la madrugada porque escuchamos un ruido. (pretérito simple)
4. Tranquilo, Ana no va a llegar tarde porque yo voy a _despertarla_ . (ir a +infinitivo)

divertirse
to have fun

> In the reflexive form when the action falls on ourselves.

Me divertí muchísimo en la fiesta.
I had a lot of fun at the party.

Siempre **nos divertimos** mucho en la playa.
We always have a lot of fun at the beach.

divertir
to amuse / to entertain

Diego siempre **divierte** a todos con sus bromas.
Diego always entertains us all with his jokes.

¡VAMOS A PRACTICAR! DIVERTIRSE VS DIVERTIR

1. A los niños les gusta _divertirse_ en el parque. (gustar + infinitivo)
2. Yo _diverto_ mucho en la clase de baile de salón. (presente)
3. Los chiquillos _divirtieron_ a todo el mundo con sus canciones. (pretérito simple)
4. Los niños más pequeños _divertirán_ a los profesores con sus disfraces. (futuro)

divorciarse (de)
to get divorced

> Reflexive when reciprocal

Cuando Iván **se divorció** de su tercera mujer estaba realmente triste.
When Ivan divorced his third wife he was really sad.

2 verbs = 2 options!

Nunca **me voy a divorciar** de él.
Nunca **voy a divorciarme** de él.
I'm never going to divorce him.

divorciar (a)
to divorce

Este juez **divorcia** a las parejas en dos días.
This judge divorces couples in two days.

*reference the verb abrazar

¡VAMOS A PRACTICAR! DIVORCIARSE VS DIVORCIAR

1. He escuchado que Alma va a _divorciarse_ de Pablo. (ir a + infinitivo)
2. El juez no quiso _divorciar_ a ese matrimonio. (querer + infinitivo)
3. Los padres de Adrián _se divorciarán_ el año que viene. (futuro)
4. ¿Por que _te divorciaste_ de mi abuelo? (pretérito simple)

enamorarse (de)
to fall in love with

> Reflexive when reciprocal

2 verbs = 2 options!

Tranquila, no **me voy a enamorar** de tu hermano.
Tranquila, no **voy a enamorarme** de tu hermano.
Don't worry, I'm not going to fall in love with your brother.

enamorar
to win someone's love

La hermosa voz de la cantante **enamoró** a todos los comensales.
The dinner guests loved the singer's beautiful voice.

¡VAMOS A PRACTICAR! ENAMORARSE VS ENAMORAR

1. Mi mejor amiga _se enamoró_ de un chico inglés el verano pasado. (pretérito simple)
2. Su novio tiene unos detalles tan lindos que _enamoran_. (presente)
3. Luis dice que no _se enamoró_ de aquella chica. (pretérito simple)
4. Los gatitos están preciosos, _enamoran_ a todos con sus saltitos. (presente)

encargarse (de)
to take care of

Significant change in meaning

Encárgate de este asunto.
Take care of this matter.

Sus tíos **se encargaron** del funeral.
His uncles took care of the funeral

encargar
to order

Ya le **encargué** en la librería los dos libros que me recomendaste.
I already ordered from the bookstore the two books you recommended.

¡VAMOS A PRACTICAR! ENCARGARSE VS ENCARGAR

1. Nosotros ___nos encargaremos___ de recoger todo, no tienes de qué preocuparte. (futuro)
2. ¿Te puedo ___encargar___ unos tomates si vas a la frutería? (poder + infinitivo)
3. No quiero ___encargarme___ de ese tema, está fuera de mi responsabilidad. (querer +infinitivo)
4. Voy a ___encargar___ unas lámparas nuevas para la cocina en Amazon. (ir a +infinitivo)

encontrarse (con)

Significant change in meaning

to run into

Siempre **me encuentro** con el mismo señor en el restaurante. Qué extraño, ¿no?
I always run into the same gentleman at the restaurant. Strange, huh?

encontrar

to find

Antonio **encontró** dos serpientes en el baño.
Antonio found two snakes in the bathroom.

Encuentra el dinero que perdiste.
Find the money you lost.

¡VAMOS A PRACTICAR! ENCONTRARSE VS ENCONTRAR

1. ¿Con quién crees que __me encontré__ esta mañana en el gimnasio? (pretérito perfecto compuesto)
2. Es muy fácil llegar. Tú __encontrarás__ la tienda cuando entres a la plaza. (futuro)
3. __Encontré__ una moneda antigua en el bolsillo del abrigo del abuelo. (yo)(pretérito simple)
4. Tomás __se encuentra__ a todas horas con su exnovia en la cafetería de la universidad. Pobrecillo. (presente)

enfadarse (con)

In the reflexive form when the action falls on ourselves.

to get angry, upset

Sara y yo **nos enfadamos** hace dos años y todavía no nos hablamos.
Sarah and I got angry with each other two years ago and we still don't talk.

Por favor, no **te enfades** con tu padre.
Please, don't be upset with your father.

enfadar

to make angry / to upset

Las últimas declaraciones de Luis a la prensa **enfadarán** a su familia.
Luis' latest statements to the press will upset his family.

¡VAMOS A PRACTICAR! ENFADARSE VS ENFADAR

1. La actitud de aquella niña __enfadó__ a la directora de la escuela. (pretérito simple)
2. Alberto y yo __nos enfadamos__ hace mucho tiempo. Ya ni recuerdo por qué. (pretérito simple)
3. Sergio y Diego cuando eran pequeños __se enfadaban__ a todas horas. (pretérito imperfecto)
4. Si no quieres __enfadar__ a tu papá, mejor llámale por teléfono y le avisas. (querer + infinitivo)

enfocarse (en)
to focus

Significant change in meaning

Me enfocaré en los puntos más importantes.
I'll focus on the most important points.

Enfócate en tu trabajo.
Focus on your work.

enfocar
to shine a light on

Enfoca al jardín, me pareció ver algo raro.
Shine the ligth towards the garden, I thought I saw something strange.

¡VAMOS A PRACTICAR! ENFOCARSE VS ENFOCAR

1. Esta semana quiero _enfocarme_ en la gramática española. (querer + infinitivo)
2. ¿Podemos _enfocarnos_ en los puntos más importantes de la reunión? (poder + infinitivo)
3. Tengo que cambiar esas luces, _enfocan_ a la casa del vecino. (presente)
4. ¿Por qué no _te enfocas_ tu energía en los exámenes? (presente)

enojarse (con)
to get angry / mad / upset

Significant change in meaning
In the reflexive form when the action falls on ourselves.

No me gusta **enojarme** con mis hijos.
I don't like to get mad at my children.

No **te enojes** con tus padres.
Don't t be angry with your parents.

enojar
to make angry / to anger

Tu falta de empatía **enoja** a la gente.
Your lack of empathy angers people.

¡VAMOS A PRACTICAR! ENOJARSE VS ENOJAR

1. Ana, no _te enojes_ conmigo. Yo solo quiero ayudarte. (presente)
2. Ana, no _enojes_ a tu padre. Si sigues así te va a castigar sin vacaciones. (presente)
3. Ellos dos eran mejores amigos hasta que _se enojaron_ (pretérito simple)
4. Cristina _enojó_ a todos con sus chistes. (pretérito simple)

enrollarse (con)

Significant change in meaning

to go on and on /
(con) to make out (Spain)

Mi amiga **se enrolló** con tu amigo.
My friend made out with your friend.

Su tía siempre **se enrolla** muchísimo, no para de hablar.
His aunt always goes on and on, she never stops talking.

enrollar

to roll up

¿Puedes **enrollar** las cortinas para que entre más luz?
Can you roll up the curtains to let in more light?

¡VAMOS A PRACTICAR! ENROLLARSE VS ENROLLAR

1. Mi vecina __se enrolla__ siempre que la vemos. (presente)
2. Nuestros primos __se enrollaron__ y ahora no se hablan. (pretérito simple)
3. __enrolla__ el papel y ponlo en el coche. (imperativo)
4. Tenemos que __enrollar__ una capa de queso y luego ponerla encima de la carne. (tener que +infinitivo)

equivocarse

> Only exists when using the reflexive pronoun

to be mistaken / to be wrong

Me equivoqué y lo reconozco.
I was wrong and I admit it.

Cuando mi padre **se equivoca** siempre lo admite.
When my father is wrong, he always admits it.

2 verbs = 2 options!

Estás equivocándote.
Te estás equivocando.
You're wrong.

¡VAMOS A PRACTICAR! EQUIVOCARSE

1. _Me equivoqué_ acerca de tu amiga. Las primeras impresiones no siempre son ciertas. (pretérito simple)
2. Si _me equivoco_, lo admitiré. (yo, presente)
3. Para tener razón muchas veces tienes que _equivocarte_ primero y aprender. (tener que + infinitivo)
4. Te lo estoy diciendo. Estás _equivocándote_. (presente continuo)

59

fiarse (de)
to trust

> Significant change in meaning

Ya no **me fío de** él.
I don't trust him anymore.

Nos fiaríamos de ti si te conociéramos mejor.
We'd trust you if we knew each other better.

fiar
to sell on credit

Ana le **fió** la renta del apartamento por dos meses a su inquilino.
Ana loaned her tenant the money for rent for two months.

¡VAMOS A PRACTICAR! FIARSE VS FIAR

1. No _te fíes_ de él. No me parece una persona sincera. (imperativo)
2. No me gusta _fiar_ dinero a personas que no conozco. (gustar + infinitivo)
3. ¿Vas a _fiarte_ de ella? Me parece arriesgado porque casi acabas de conocerla. (ir a + infinitivo)
4. Esta ha sido la última vez que _has fiado_ dinero a alguien que no es mi amigo. (pretérito perfecto compuesto)

fijarse (en)

> Significant change in meaning

to pay attention to / to notice / to look at

Fíjate en esa mujer, su cabello es muy bonito.
Look at that woman, her hair is very beautiful.

María **se fijó** en el estudiante griego desde que entró a la clase.
María noticed the Greek student as soon as he entered the classroom.

fijar
to attach / to set / to fix

Estoy fijando el mueble a la pared para que no se caiga de nuevo.
I'm fixing the furniture to the wall so it does not fall over again.

¡VAMOS A PRACTICAR! FIJARSE VS FIJAR

1. Creo que el productor _se fijó_ en tu amiga para el papel en su película. (pretérito simple)
2. Los profesores _fijarán_ la fecha de los exámenes cuando termine el curso. (futuro)
3. Todos los chicos de la escuela _se fijarán_ en la nueva estudiante porque es muy guapa. (futuro)
4. No me gusta _fijar_ los muebles a la pared porque luego quedan marcas. (gustar+infinitivo)

ganarse la vida

Only exists when using the reflexive pronoun

to make a living

Antes **me ganaba la vida** dando conferencias sobre el medio ambiente.
I used to earn my living giving lectures about the environment.

Elena **se gana la vida** cuidando a los hijos de sus vecinos.
Elena makes a living taking care of her neighbor's children

No pidas dinero a la gente, trabaja y **gánate la vida.**
Don't t ask for money from people, work and earn your living.

¡VAMOS A PRACTICAR! GANARSE LA VIDA

1. Dime, ¿cómo _te ganas la vida_ (presente)
2. Antes _me ganaba la vida_ como camarera en el bar de mis padres. (pretérito imperfecto)
3. No tengo miedo de perder este trabajo. Sé _ganarme la vida_ (saber+infinitivo)
4. Desde hace algunos años mi vecina _se gana la vida_ limpiando el portal y las casas de algunos vecinos. (presente)

graduarse

to graduate

> **Significant change in meaning**

Fíjate en esa mujer, su cabello es muy bonito.
Look at that woman, her hair is very beautiful.

María **se fijó** en el estudiante griego desde que entró a la clase.
María noticed the Greek student as soon as he entered the classroom.

graduar

to adjust / to calibrate / to set

Gradué la temperatura del agua porque salí muy caliente.
I adjusted the water temperature because I was really hot.

¡VAMOS A PRACTICAR! GRADUARSE VS GRADUAR

1. Mi hija finalmente _se graduó_ la primavera pasada. (pretérito simple)
2. ¿_Graduaste_ la temperatura de la sala? (pretérito simple)
3. Solo aquellos que tengan un promedio superior a cinco podrán _graduarse_. (poder + infinitivo)
4. ¿Podrías _graduar_ la calefacción? Siento que no está funcionando correctamente. (poder + infinitivo)

hacerse (con)
to get / to dominate

> Significant change in meaning

Los grupos radicales **se hicieron con** el poder.
The radical groups got power.

2 verbs = 2 options!

Ellos **van a hacerse con** el control en cuanto los militares salgan.
Ellos **se van a hacer con** el control en cuanto los miliares salgan.
The politicians are going to take control as soon as the military leaves.

hacer
to make / to do

Lisa **hizo** unas galletas riquísimas.
Lisa made delicious cookies.

¡VAMOS A PRACTICAR! HACERSE VS HACER

1. Nosotros _hacemos_ la cama antes de salir de casa en las mañanas. (presente)
2. Ella tiene mucha carisma pero esta vez no _se hizo_ con la gente. (pretérito simple)
3. Me gusta mucho _hacer_ galletas de chocolate. (gustar + infinitivo)
4. El nuevo presidente _se hará_ con el poder en cuanto asuma el cargo. (futuro)

hacerse daño
to get hurt / to harm

> In the reflexive form when the action falls on ourselves.

Nos hicimos daño cuando nos caímos por las escaleras.
We were hurt when we fell down the stairs.

Ellas **se harán daño** si siguen peleando así.
They will hurt themselves if they keep fighting like that.

hacer daño
to hurt

No **hagas daño** a mi hermana.
Don't hurt my sister.

¡VAMOS A PRACTICAR! HACERSE DAÑO VS HACER DAÑO

1. Comer más de cien almendras de una sentada *te haría daño* a todo el mundo. (condicional)
2. Las almendras *me hacen daño*, por eso nunca las como. (presente)
3. Da la impresión de que su ex novio le quiere *hacerle daño*. (querer + infinitivo)
4. Ya no me pongo estos zapatos porque *me hacen daño*. (presente)

hacerse el tonto

to play de fool / to play dumb

> Only exists when using the reflexive pronoun

No **te hagas el tonto** y responde mis preguntas, por favor.
Don't play dumb and answer my questions, please.

Su novio siempre **se hace el tonto** cuando ella le pregunta si se casarán a algún día.
Her boyfriend always plays dumb when she asks if they will get married some day.

¡VAMOS A PRACTICAR! HACERSE EL TONTO

1. Esos estudiantes _se hicieron el tonto_ y no escucharon lo que les dijo el profesor. (pretérito simple)
2. Mi hermana siempre _se hace el tonto_ cuando mi madre le dice que ponga la mesa. (presente)
3. Magda _se hará el tonto_ si le pregunto por mi vestido. (futuro)
4. ¿Viste que Andrés _se hizo el tonto_ cuando le preguntaste por tu dinero? (pretérito simple)

hartarse (de)

to get fed up / to get enough

Significant change in meaning

Su jefe **se hartó** de que Luis siempre llevaba tarde.
His boss got fed up that Luis was always late.

Nunca me hartaría de comer croissants.
I'd never get tired of eating croissants.

hartar

to annoy

El hijo de Marta **hartó** a todos con sus gritos.
Marta's son annoyed everyone with his screaming.

¡VAMOS A PRACTICAR! HARTARSE VS HARTAR

1. Ella _se hartó_ de su novio y por eso lo dejó. (pretérito simple)
2. Simplemente _me harté_ de comer pizza durante un mes todos los días. (yo, pretérito simple)
3. Siempre _harta_ a todos con tus quejas. (él, presente)
4. Los ruidos de las obras _hartaron_ a todos los vecinos. (pretérito simple)

hundirse

to sink

> In the reflexive form when the action falls on ourselves.

El Titanic **se hundió** porque chocó contra un iceberg.
The Titanic sank because it hit an iceberg.

2 verbs = 2 options!

Parece que esa lancha **va a hundirse.**
Parece que esa lancha **se va a hundir.**
It looks like that boat is going to sink.

hundir

to sink / to destroy

Los últimos escándalos familiares **hundieron** la reputación de la compañía.
The latest family scandals sank the reputation of the company.

¡VAMOS A PRACTICAR! HUNDIRSE VS HUNDIR

1. El niño _hundió_ su barquito en el lago (pretérito simple)
2. No volvimos a ver esa pequeña isla, simplemente _se hundió_ (pretérito simple)
3. _Hundirá_ a tu familia si la prensa se entera de tu pasado (tú, futuro)
4. No puedo imaginar cómo _se hundió_ ese yate sin que nadie lo viera (pretérito simple)

irse
to get out / to get away / to leave

> Significant change in meaning

Me fui del concierto porque me sentía mal.
I left the concert because I felt sick.

Vete de mi casa.
Get out of my house.

ir
to go

Vamos de vacaciones a España todos los veranos.
We go on vacation to Spain every summer.

¡VAMOS A PRACTICAR! IRSE VS IR

1. Nosotros ya no _iremos_ a Puerto Rico de vacaciones las próximas Navidades. (futuro)
2. _Vete_ a mi casa, no me gusta esta fiesta. (presente)
3. No me gusta _irme_ solo al cine. (gustar +infinitivo)
4. Ellos _van_ de vacaciones la última semana de abril. (presente)

jactarse (de)

to boast of / to brag about

> Only exists when using the reflexive pronoun

Ella siempre **se jacta** del dinero de su familia.
She always brags about her family's money.

Ese futbolista **se jactaba** de ser el mejor pagado de todo el equipo.
That soccer player boasted about being the highest paid on the entire team.

Ellos **se jactan** de su posición social.
They brag about their social position.

¡VAMOS A PRACTICAR! JACTARSE

1. Los vecinos _se jactan_ de su buena suerte porque ganaron la lotería dos veces. (presente)
2. Antonio _se jactaba_ de su buena salud hasta que le dio un infarto. (pretérito imperfecto)
3. Luisa _se jacta_ de su fortuna. (presente)
4. Le gustaba _jactarse_ de ser la más guapa de la oficina. (gustar + infinitivo)

jubilarse
to retire

> In the reflexive form when the action falls on ourselves.

¿A qué edad **te jubilarías**?
At what age would you retire?

Me jubilé cuando tenía 61 años.
I retired when I was 61 years old.

jubilar (a)
to retire

Los bancos cada vez **jubilan** a sus empleados con menos edad.
Banks are increasingly retiring their employees at younger ages.

¡VAMOS A PRACTICAR! JUBILARSE VS JUBILAR

1. ___me jubilaré___ cuando tenga pagada mi hipoteca. (futuro)
2. ¿Has escuchado que la empresa va a ___jubilar___ a todos sus empleados? (ir a +infinitivo)
3. Quiero ___jubilarme___ antes de abril. (querer + infinitivo)
4. En todas las empresas primero ___jubilan___ a los más antiguos. (presente)

lavarse

> In the reflexive form when the action falls on ourselves.

to wash ourselves

2 verbs = 2 options!

Voy a lavarme los dientes y me voy a dormir.
Me voy a lavar las manos y me voy a dormir.
I'm going to brush my teeth and go to sleep.

Me gusta lavarme los pies después de ir a la playa.
I like to wash my feet after going to the beach.

lavar

to wash

Aquellas chicas **lavaron** las naranjas y las pusieron en la canasta.
Those girls washed the oranges and put them in the basket.

¡VAMOS A PRACTICAR! LAVARSE VS LAVAR

1. Señores, _lavense_ las manos antes de pasar a la mesa. (imperativo)
2. _Me lavé_ los dientes antes de irme a dormir. (yo, pretérito simple)
3. ¿_te lavaste_ el pelo ayer? (tú, pretérito simple)
4. Antes siempre _lavaba_ esa blusa a mano, porque me parecía muy delicada. (pretérito imperfecto)

levantarse
to get up

> In the reflexive form when the action falls on ourselves.
>
> Significant change in meaning

Me levanto a las 6:00 am todos los días.
I get up at 6:00 a.m. every day.

Antes **te levantabas** más temprano.
Before you got up earlier.

levantar
to get up / to raise / to lift

Levanté el sofa para ver si estaban mis llaves debajo.
I lifted the sofa to see if my keys were underneath.

¡VAMOS A PRACTICAR! LEVANTARSE VS LEVANTAR

1. Ana y Yolanda _se levantaron_ a las 6 de la mañana para ir al aeropuerto. (pretérito simple)
2. ¿Puedes _levantar_ a los niños? Tenemos que irnos ya. (Poder+ infinitivo)
3. Hace dos días _me levanté_ a las 2 de la madrugada, por eso sigo tan cansada. (pretérito simple)
4. En las mañanas, _levanto_ a Sergio a las 7 para que desayune y vaya a la escuela a tiempo. (presente)

llamarse
to be named

> Significant change in meaning

Me llamo Antonio. Encantado de conocerte.
My name is Antonio. Nice to meet you.

Nuestros hijos **se llamarán** María y Alejandro.
Our children will be called Maria and Alejandro.

llamar
to call

Llamé a tu hermano por teléfono hace dos días.
I called your brother on the phone two days ago.

¡VAMOS A PRACTICAR! LLAMARSE VS LLAMAR

1. _Me llamo_ Amalia. (presente)
2. Ayer _llamé_ a tu hermana, pero no me contestó. (pretérito simple)
3. Mis hijos _se llaman_ Sergio y Diego, y los tuyos ¿cómo se llaman? (presente)
4. _llama_ a tu madre porque es su cumpleaños (Imperativo, tú)

llevarse

Significant change in meaning

to take away /to be in / to steal / to be trendy

El ladrón **se llevó** la cámara de fotos que estaba sobre la mesa.
The thief took the camera that was on the table.

Antes **se llevaban** las hombreras.
Wearing shoulder pads was trendy.

llevar

to carry / to take/ to wear

Llevo una botella de vino tinto.
I'm taking a bottle of red wine.

¡VAMOS A PRACTICAR! LLEVARSE VS LLEVAR

1. Creo que Luis _llevó_ algo de pan a casa de su hermana. (pretérito simple)
2. ¿Vamos a _llevar_ una botella de vino tinto a la cena? (ir a+ infinitivo)
3. El ladrón _se llevó_ todo el dinero de la caja fuerte. (pretérito simple)
4. ¿Qué _llevaste_ de regalo a Ana? (pretérito simple)

llevarse bien (con)
to get along

> Only exists when using the reflexive pronoun

Ellos dos **se llevan** muy **bien.**
Those two get along very well.

Antes no **me llevaba bien** con mi hermana.
Before, I didn't get along very well with my sister.

Él **se lleva bien** con todos sus empleados.
He gets along with all his employees.

¡VAMOS A PRACTICAR! LLEVARSE BIEN

1. ¡Estoy segura de que cuando conozca a tu mamá _se llevarán_ fenomenal! (futuro)
2. Mis hijos no _se llevan_ bien con los tuyos. (presente)
3. Yo no _me llevaba_ bien con esa vecina. (pretérito imperfecto)
4. Me gusta _llevarme_ bien con todos los compañeros de trabajo. (gustar +infinitivo)

maquillarse
to put on makeup

> In the reflexive form when the action falls on ourselves.

Ella siempre **se maquilla** en el baño de la oficina.
She always puts on makeup in the office bathroom.

2 verbs = 2 options!

¿Por qué no **te quieres maquillar** hoy?
¿Por qué no **quieres maquillarte** hoy?
Why don't you want to put on makeup today?

maquillar (a)
to put on makeup

Andrea **maquillará** a tu hermana el día del baile.
Andrea will put makeup on her sister the day of the dance.

¡VAMOS A PRACTICAR! MAQUILLARSE VS MAQUILLAR

1. Me encanta _maquillarme_. (encantar + infinitivo)
2. Yo _maquillaré_ a todas las niñas de la fiesta. (futuro)
3. Mi hermana solo _se maquilla_ los fines de semana. (presente)
4. ¿Quieres _maquillar_ a las modelos? (querer + infinitivo)

marcharse
to leave

> Significant change in meaning

Me marché para no empezar una pelea.
I left so as to not start a fight.

2 verbs = 2 options!

¿Vas a **marcharte** sin despedirte?
Are you going to leave without saying goodbye?

marchar
to march

Las tropas del enemigo **marchan** por las calles.
The enemy's troops march through the streets.

¡VAMOS A PRACTICAR! MARCHARSE VS MARCHAR

1. Antonio _se marchó_ de la fiesta en cuanto le hablaron por teléfono. (pretérito simple)
2. Los estudiantes _marchan_ en silencio durante la manifestación. (presente)
3. Tengo que decir adiós a todos. No me gustaría _marcharme_ de la fiesta sin despedirme. (gustar+infinitivo)
4. La banda de música _marchará_ por la plaza del pueblo. (futuro)

mejorarse
to get better

> In the reflexive form when the action falls on ourselves.
>
> Significant change in meaning

Mi tía **se mejoró** en cuanto dejó de tomar la medicina.
My aunt got better as soon as she stopped taking the medicine.

2 verbs = 2 options!

Os vais a mejorar pronto.
Vais a mejoraros pronto.
You are going to get better soon.

mejorar
to get better / to improve

Este vino **mejora** su sabor año tras año.
This wine improves its flavor year after year.

¡VAMOS A PRACTICAR! MEJORARSE VS MEJORAR

1. ¡Qué _te mejores_ pronto! (tú, presente de subjuntivo)
2. Andrea _ha mejorado_ mucho sus calificaciones últimamente. (pretérito perfecto compuesto)
3. Podemos _mejorar_ los resultados si nos esforzamos más. (poder + infinitivo)
4. No te preocupes, verás que _te mejoras_ en un par de días. (presente)

meterse con

to tease / to mess

> Only exists when using the reflexive pronoun

Pedro se enfadó con tu hermano porque **se metió con** él.
Pedro got angry with your brother because he messed with him.

No **te metas con** él, es solo un niño.
Don't tease him, he's just a boy.

Nos metemos con mi hermana porque nos hace gracia.
We mess with my sister because it's funny.

¡VAMOS A PRACTICAR! METERSE CON

1. Andrés se enfadó con ellas porque, _se metieron con_ él. (pretérito simple)
2. No _te metas con_ tu hermano. (tú, imperativo)
3. Creo que él _se mete con_ ella porque quiere llamar su atención. (presente)
4. Me gusta _meterme con_ Diego porque es muy gracioso. (gustar + infinitivo)

meterse en

> Significant change in meaning

to get involve in something
en problemas: get in trouble

No sé cómo lo haces, pero siempre **te metes en problemas**.
I don't know how you do it but you always get in trouble.

¡Ella **se mete en** todo!
She gets involve in everything!

meter

to put / to place into

Mete las manzanas en el horno.
Put the apples in the oven.

¡VAMOS A PRACTICAR! METERSE VS METER

1. _Mete_ las patatas en la bolsa. (tú, imperativo)
2. Vamos a _meternos_ en un lío si no decimos la verdad a nuestros padres. (ir a +infinitivo)
3. _te meterás_ en problemas si sigues con esas amistades. (futuro)
4. ¿Puede _meter_ las botellas de agua en el refrigerador? (poder + infinitivo)

mojarse
to get wet

> In the reflexive form when the action falls on ourselves.
> Significant change in meaning

2 verbs = 2 options!

Si sigue saltando ahí, **va a mojarse**.
Si sigue saltando ahí, **se va a mojar**.
If he keeps jumping there, he's going to get wet.

No **te mojes**, hace mucho frío.
Don't get wet, it's very cold.

mojar
to wet / to dip

Los niños **mojaron** el piso al volver de la piscina.
The children got the floor wet when they returned from the pool.

¡VAMOS A PRACTICAR! MOJARSE VS MOJAR

1. Se me cayó un vaso con agua y __mojó__ todo el piso de arriba. (pretérito simple)
2. Estaba lloviendo y __nos mojamos__ cuando salimos del cine. (nosotros, pretérito simple)
3. Chicos, van a __mojarse__ si no llevan los impermeables. (ir a + infinitivo)
4. Se abrió una botella de jugo que traía en el bolso y __mojó__ todas mis cosas. (pretérito simple)

morirse

to die
to crack up (morirse de risa)

> To emphasize

2 verbs = 2 options!

La planta nueva **se está muriendo.**
La nueva planta **está muriéndose**.
The new plant is dying.

Nos morimos de risa con esa película.
We cracked up with that movie.

morir

to die

Picasso **murió** en 1973.
Picasso died in 1973.

Morirse and morir can practically be used interchangeably. With the reflexive pronoun it seems that morir is emphasized.

¡VAMOS A PRACTICAR! MORIRSE VS MORIR

1. Los piratas ___murieron___ cuando cayeron del barco. (pretérito simple)
2. Las plantas ___morirán___ si no las riegas. (futuro)
3. ___Me moría___ de risa cuando escuché ese rumor. (pretérito imperfecto)
4. Mucha gente puede ___morir___ si se cae ese puente. (poder + infinitivo)

mudarse

> Significant change in meaning

to move (to relocate)

Nos hemos mudado cinco veces en los últimos diez años.
We have moved five times in the last ten years.

¿**Os** vais a **mudar** de nuevo?
Are you going to move again?

mudar
to shed (animal)

Las serpientes **mudan** su piel una vez al año.
Snakes shed their skin once a year.

¡VAMOS A PRACTICAR! MUDARSE VS MUDAR

1. Chicos, ¿cuándo _nos mudamos_? (nosotros, presente)
2. Chicos, ¿a dónde _os mudais_? (vosotros, presente)
3. Esa vecina es nueva, creo que _se mudó_ ayer. (pretérito simple)
4. ¿Es verdad que las serpientes _mudan_ la piel una vez al año? (presente)

negarse
to refuse

> Significant change in meaning

Lorena **se negó** a decirnos la verdad.
Lorena refused to tell us the truth.

Me niego a seguir hablando de esto.
I refuse to continue talking about this.

negar
to deny

Los profesores **negaron** la petición de los estudiantes para hacer otro examen.
The teachers denied the students' request to take another test.

¡VAMOS A PRACTICAR! NEGARSE VS NEGAR

1. Tu tía _se negó_ a darles pan a las palomas. (pretérito simple)
2. Mi mejor amiga _se niega_ a volver a verle. (presente)
3. ¿Por qué _niegas_ que le conoces? Yo te vi con él ayer…. (presente)
4. Rosa le _negó_ el saludo a Pablo. (pretérito simple)

obsesionase (con)

> Only exists when using the reflexive pronoun

to be obsessed

Mi amiga **se obsesionó** con esa nueva serie de Netflix.
My friend became obsessed with that new Netflix series.

No **te obsesiones** con bajar de peso.
Don't get obsessed about losing weight.

No te preocupes, no **me obsesionaré** con bajar de peso de nuevo.
Don't worry, I won't be obsessed with losing weight again.

¡VAMOS A PRACTICAR! OBSESIONARSE

1. No me gusta _obsesionarme_ con perder peso. (gustar + infinitivo)
2. ¿Por qué _te obsesionaste_ con ese chico? (pretérito simple)
3. Ese vestido es perfecto. Vas a _obsesionarte_ con él. (ir a + infinitivo)
4. Ella siempre _se obsesiona_ con todo. (presente)

olvidarse
to forget

> To emphasize

Me olvidé de cancelar la cita en el doctor.
I forgot to cancel the appointment with the doctor.

Nunca me olvidaré de él.
I'll never forget him.

olvidar
to forget

Olvidé cerrar el coche.
I forgot to lock the car.

Olvidarse and olvidar can practically be used interchangeably. With the reflexive pronoun it seems that forgetting is emphasized.

¡VAMOS A PRACTICAR! OLVIDARSE VS OLVIDAR

1. Gerardo _olvidó_ sus llaves en la casa. (pretérito simple)
2. Los niños _se olvidaron_ de llevar sus almuerzos a la escuela. (pretérito simple)
3. Mi madre siempre _se olvida_ de todo. (presente)
4. Voy a apuntarlo en el calendario porque si no seguro que voy a _olvidar_. (ir a +infinitivo)

parecerse
to look alike / to resemble

Significant change in meaning

¿**Me parezco** a alguien famoso?
Do I look like someone famous?

Me gusta **parecerme** a mi madre.
I like to look like my mother.

parecer
to seem

Parecía como que no entendían nada de lo que decíamos.
It seemed like they didn't t understand anything we were saying.

¡VAMOS A PRACTICAR! PARECERSE VS PARECER

1. Tu hermana _se parece_ mucho a tu mamá. (presente)
2. _Parece_ que a tu amigo no le gustó la comida. (presente)
3. Sus hijos _se parecen_ al abuelo materno, desde la personalidad como hasta el carácter. (presente)
4. _Parecía_ que ~~no~~ hablaban español, porque les preguntamos ~~pero no~~ nos respondían. (pretérito imperfecto)

pasarse (de)
to be too + adj

Significant change in meaning

Luis siempre **se pasa de** listo con sus comentarios.
Luis always thinks he's so smart with his commentary.

Ana **se pasó de** grosera cuando gritó a sus padres en la fiesta.
It was really rude how Anna yelled at her parents at the party.

It usually has a negative connotation. For example, the expression "pasarse de listo" actually means that someone thinks he/she is smarter than they are.

pasar de
to take no notice / to ignore

Luis **pasa de** sus padres.
Luis ignores his parents.

¡VAMOS A PRACTICAR! PASARSE DE

1. Creo que tu hermana ___se pasó___ de graciosilla cuando hizo esa broma. (pretérito simple)
2. Ella ___pasa___ todo y todos.
3. Andres, no ~~te~~ ___te pases___ de simpático y mejor dejemos los chistes para luego. (imperativo)
4. Parece que a tu ex ___pasa de___ las opiniones de todos nosotros.

peinarse
to comb / to brush your hair

> In the reflexive form when the action falls on ourselves.

Cuando era joven **me peinaba** con el cepillo de mi abuela.
When I was young I used to brush my hair with my grandmother's brush.

No **te peines** con ese cepillo.
Don't comb your hair with that brush.

peinar
to comb /to brush somebody's hair

Andrea, ¿puedes peinar a tus hermanos?
Andrea, can you comb your brothers' hair?

¡VAMOS A PRACTICAR! PEINARSE VS PEINAR

1. Cuando mi abuela _peinaba_ a mi hermana siempre le hacía dos trencillas (pretérito imperfecto)
2. No me gusta _peinarme_ con gomina (gustar + infinitivo)
3. ¿Puedes _peinar_ a Luis? (tú, poder + infinitivo)
4. _Péinate_ (tú, imperativo)

perderse
to get lost

> In the reflexive form when the action falls on ourselves.

Siempre **me pierdo** por estas calles.
I always get lost in these streets.

Me he perdido, por favor, ven a buscarme.
I'm lost, please, come and get me.

perder
to lose

Mi madre **perdió** mucho peso con la dieta que está haciendo.
My mother lost a lot of weight with the diet she's on.

¡VAMOS A PRACTICAR! PERDERSE VS PERDER

1. Creo que los niños _se han perdido_. Ya deberían estar aquí. (pretérito pretérito compuesto)
2. ¡ _perdí_ dos kilos en las vacaciones! (pretérito simple)
3. Debo empezar a leer esto de nuevo. _Me he perdido_ (yo, pretérito pretérito
4. compuesto)
5. Vas a _perder_ tu cámara si la llevas en la mano. (ir a + infinitivo)

ponerse de acuerdo

> Only exists when using the reflexive pronoun

to reach agreement

Nos pusimos de acuerdo con el precio de la casa.
We agreed on the price of the house.

Ponte de acuerdo con tu tío sobre la hora y lugar de la cena.
Come to an agreement with your uncle on the time and place for dinner.

Ellas **se pondrán de acuerdo** sobre las vacaciones de verano.
They'll ll come to an agreement with regard to the summer vacation.

¡VAMOS A PRACTICAR! PONERSE DE ACUERDO

1. Chicos, ¿ya _os pusisteis de acuerdo_? (pretérito simple)
2. Parece que nuestros hijos ya _se pusieron de acuerdo_ con su fiesta de fin de curso. (pretérito simple)
3. ¡Ellas siempre _se ponen de acuerdo_ con todo! (presente)
4. Yo no me meto. Ustedes _pónganse de acuerdo_. (imperativo)

ponerse ...

> Significant change in meaning

 + a infinitive: to start to do something
to catch a call
to put on (clothes)
Ponerse guapo / a: to get dolled up

¡**Ponte** a estudiar!
Get to studying!

Me puse guapa para ir a cenar con mi novio.
I got dolled up to go have dinner with my boyfriend.

poner
to put

Pon los libros sobre la mesa.
Put the books on the table.

¡VAMOS A PRACTICAR! PONERSE VS PONER

1. ¿Quién _puso_ los tomates en la estantería? (pretérito simple)
2. Para la fiesta voy a _ponerme_ un disfraz que encontré en esa caja. (ir a + infinitivo)
3. Tu hermana _se puso_ muy guapa para salir con su chico. (pretérito simple)
4. ¿Puedes _poner_ el agua en el refri? (poder + infinitivo)

portarse bien / mal

Significant change in meaning

to behave / to act poorly, misbehave

Su hijo es muy lindo, siempre **se porta** muy bien.
Your son is very cute, he always behaves very well.

2 verbs = 2 options!

¿**Os vais** a portar bien?
¿**Vais a portaros** bien?
Are you going to behave well?

portar

to carry

Los manifestantes **portaban** una pancarta gigante. The demonstrators carried a giant banner.

¡VAMOS A PRACTICAR! PORTARSE VS PORTAR

1. Mi hijos siempre _se portan_ muy bien cuando salimos a cenar (presente)
2. Los estudiantes _portarán_ la bandera de su universidad (futuro)
3. Parece que los cachorros _se portaron_ un poco mal y mordieron mis zapatos (pretérito simple)
4. Parecía como si aquella mujer _portaba_ algo en sus manos (pretérito imperfecto)

preocuparse (de, por)

In the reflexive form when the action falls on ourselves.

to worry / to be concerned about

Me preocupo por ellos porque están solos en el bosque.
I worry about them because they are alone in the forest.

No **te preocupes** por los resultados del examen, seguro que lo hiciste muy bien.
Don't t worry about the results of the exam, I'm sure you did very well.

preocupar

to worry

El precio de las acciones **preocupa** a los inversionistas.
The price of the shares worries investors.

¡VAMOS A PRACTICAR! PREOCUPARSE VS PREOCUPAR

1. No _me preocupo_ por su actitud. Ella es muy lista y sé que tarde o temprano reflexionará. (presente)
2. El alto consumo de antibióticos hoy en día _preocupa_ a los doctores de todo el mundo. (presente)
3. Chicos, si queremos hablar con vosotros es porque _nos preocupamos_ por vosotros. (presente)
4. Parece que nada le _preocupa_ a ese muchacho. (presente)

prepararse (para)
to get ready

Significant change in meaning

Los niños **se preparan** para salir a la calle.
The children are getting ready to go out.

Prepárate para salir corriendo cuando deje de llover.
Get ready to run when it stops raining.

preparar
to prepare / to make

Prepara una lista para comprar todo lo que necesitamos.
Make a list to buy everything we need.

¡VAMOS A PRACTICAR! PREPARARSE VS PREPARAR

1. Mi ¿Puedes __preparar__ la cena? Voy a darme un baño (poder +infinitivo)
2. Cuando voy a una fiesta me gusta __prepararme__ con mucho tiempo. (gustar +infinitivo)
3. Los niños están __preparando__ una sorpresa para sus papás. (presente continuo)
4. Las chicas ya __se prepararon__ para salir al escenario. (pretérito simple)

presentarse

In the reflexive form when the action falls on ourselves.

to introduce yourself / to take a test / to show up

Vuestras primas **se presentarán** al examen en Madrid.
Your cousins will take the test in Madrid.

2 verbs = 2 options!
¿Vas a presentarte en el evento?
¿Te vas a presentar en el evento?
Are you going to show up at the event?

presentar

to introduce / to present

Los estudiantes no **presentaron** su trabajo esta mañana.
The students didn't present their work this morning.

¡VAMOS A PRACTICAR! PRESENTARSE VS PRESENTAR

1. Antonio, ¿puedes _presentar_ tu trabajo el martes? (poder + infinitivo)
2. He decidido que si _me presentaré_ al examen de matemáticas. (futuro)
3. Hola chicos... ¿ya _se han presentado_? (pretérito perfecto compuesto)
4. El Circo del Sol _presentará_ su nueva obra en Madrid en verano. (futuro)

quedarse

to stay / to remain / to run out / to take

Significant change in meaning

Me quedé sin bronceador. ¿Puedes ir a comprar más?
I ran out of sunscreen, can you go buy more?

Ellos **se quedan** en el Hilton, ¿y vosotros?
They stay at the Hilton, and you?

quedar

to arrange to meet / to be left

¿Vamos a **quedar** hoy?
Are we meeting today?

¡VAMOS A PRACTICAR! QUEDARSE VS QUEDAR

1. No llegamos a tiempo porque _**quedamos**_ de vernos en un parque que estaba lejísimos. (pretérito simple)
2. Me gusta _**quedar**_ a comer con él. Es un chico muy inteligente y simpático. (gustar + infinitivo)
3. No podré ir a París. No _**me queda**_ dinero. (presente)
4. Tranquila, no te preocupes. Puedes _**quedarte**_ en mi casa a dormir. (poder + infinitivo)

quejarse (de)
to complain

> Only exists when using the reflexive pronoun

¡Antonio siempre **se queja** de todo!
Antonio always complains about everything!

2 verbs = 2 options!

Voy a quejarme de ese ruido.
Me voy a quejar de ese ruido.
I'm going to complain about that noise.

¡VAMOS A PRACTICAR! QUEJARSE

1. Dime, ¿por qué siempre __te quejas__ de todo? (tú, presente)
2. Cuando bajes a recepción, ¿puedes __quejarte__ de que el aire acondicionado no funciona? (poder + infinitivo?)
3. No me gusta __quejarme__ del servicio pero esta vez debo admitir que fue malísimo. (gustar + infinitivo)
4. Gerardo __se quejó__ de que encontró un pelo en su ensalada. (pretérito simple)

quitarse

In the reflexive form when the action falls on ourselves.

to get out of the way / to take off / to remove

Ana **se quitó** los zapatos al entrar a la sala.
Ana took off her shoes when entering the room.

Quítate de ahí, te vas a caer.
Get out of there, you're going to fall.

quitar

to remove / to take off

Este producto **quitará** la mancha de la alfombra.
This product will remove the stain from the carpet.

¡VAMOS A PRACTICAR! QUITARSE VS QUITAR

1. Ana va a ___quitarse___ las extensiones. Creo que también se cortará el pelo. (ir a + infinitivo)
2. Después de barrer, ___quita___ el mantel de la mesa. (tú, imperativo)
3. Mejor ___te quitas___ de aquí. Pasan muchos coches y pueden atropellarnos. (presente)
4. ¿Puedes ___quitar___ las revistas de la encimara? (poder + infinitivo)

rascarse
to scratch / to itch

> In the reflexive form when the action falls on ourselves.

Me rasco el brazo porque me pica mucho.
I scratch my arm because it itches a lot.

Diego **se rascó** en la herida y se la puso peor.
Diego scratched at the wound and made it worse.

rascar
to scrub / to scratch

Rasca bien la sartén para sacar la grasa.
Scrub the pan well to remove the grease.

¡VAMOS A PRACTICAR! RASCARSE VS RASCAR

1. Creo que le picó algo a tu hija. Está _rascándose_ el brazo. (presente continuo)
2. Si no _rascas_ ese lado de la olla, no saldrá la suciedad. (tú, presente)
3. Hazme caso y no _te rasques_. Ya sé que te pica pero se te va a poner peor. (imperativo)
4. ¿Qué la pasa a tu perrito? Está _rascando_ la ventana. (presente continuo)

reconciliarse

to bring back together / to reconcile / to make up

> Only exists when using the reflexive pronoun

¿Ya **se reconciliaron** tus padres?
Did your parents reconcile?

2 verbs = 2 options!

¿Cuando **vais a reconciliaros**?
¿Cuándo **os vais a reconciliar**?
When are you going to make up?

¡VAMOS A PRACTICAR! RECONCILIARSE

1. Creo que los papás de Gabi ya _se reconciliaron_ .(pretérito simple)
2. Creo que los papás de Gabi no van a _reconciliarse_ .(ir a + infinitivo)
3. ¿Crees que los papás de Gabi _se reconciliarán_ algún día? (futuro)
4. No, no creo que ellos _se reconcilien_ .(presente de subjuntivo)

rendirse
to surrender / to give up

> Significant change in meaning

No sé la respuesta. **Me rindo**.
I don't t know the answer. I give up.

¡No **te rindas**!
Don't t give up!

rendir
to perform

Los chicos no están **rindiendo** como se esperaba.
The boys are not performing as expected.

¡VAMOS A PRACTICAR! RENDIRSE VS RENDIR

1. Ellos no ~~se rinden~~ _rendirán_. Han trabajado muy duro para sacar adelante este proyecto. (futuro)
2. Creo que los asaltantes ya _se rindieron_. (pretérito simple)
3. No quiero _rendirme_ (querer + infinitivo)
4. No me lo cuentes a mí. Tendrás que _rendir_ cuentas a tu mamá. (tener que + infinitivo)

resfriarse
to catch a cold

> Only exists when using the reflexive pronoun

Luisa y Tere **se resfriaron** y tenían tos.
Luisa and Tere caught a cold and had a cough.

Me he resfriado.
I have a cold.

¡VAMOS A PRACTICAR! RESFRIARSE

1. Mis hijos _se resfriaron_ porque el agua de la piscina estaba muy fría. (pretérito simple)
2. Si sigue haciendo tanto frío, vamos a _resfriarnos_. (ir a + infinitivo)
3. Ella _se ha resfriado_. (pretérito pretérito compuesto)
4. Con este frío tus sobrinos pueden _resfriarse_. (poder + infinitivo)

resistirse (a)
to resist / to refuse

> Significant change in meaning

Me resisto a creer que es él es un ladrón.
I refuse to believe that he is a thief.

2 verbs = 2 options!

Si traes más chocolate no **podremos resistirnos**...
Si traes más chocolates no **nos podremos resistir**.
If you bring more chocolate, we won't be able to resist ...

resistir
to resist (objects)

Esta madera es de gran calidad, **resiste** bien los temporales.
This is high quality wood. It resists storms well.

¡VAMOS A PRACTICAR! RESISTIRSE VS RESISTIR

1. Antonio _se resistía_ a creer que su jefe quería despedirle. (pretérito imperfecto)
2. ¿Crees que esta bolsa _resista_ el peso? (presente subjuntivo)
3. No puedo _resistarme_ Voy a comer otro pastel. (presente)
4. ¿Crees que esa ventana _resistirá_? Hace mucho viento, creo que va a romperla. (futuro)

saludarse

to greet each other

> Reflexive when reciprocal

Nos saludamos en cuanto nos vimos.
We greeted each other as soon as we saw each other.

2 verbs = 2 options!

¿No **os vais a saludar**?
¿No **vais a saludaros**?
Are not you going to say hello?

saludar

to greet / to wave at

Voy a **saludar** a tu hermano.
I'm going to greet your brother.

reference the verb abrazar

¡VAMOS A PRACTICAR! SALUDARSE VS SALUDAR

1. Pati y Greg _se saludaron_ muy felices. (pretérito simple)
2. Los actores _saludarán_ a los fans cuando lleguen al teatro. (futuro)
3. ¿Crees que ellos van a _saludarse_ después de la pelea que tuvieron? (ir a + infinitivo)
4. Elia es muy educada. Siempre _saluda_ a todos cuando llega a casa. (presente)

sentarse
to sit down

> In the reflexive form when the action falls on ourselves.
> Significant change in meaning

Antonia **se sentó** en la silla roja.
Antonia sat in the red chair.

Yo **me siento** en el suelo porque no hay sillas suficientes para todos.
I'm sitting on the floor because there aren't enough chairs for everyone.

sentar
to seat / to suit / to sit (food)

Ese traje no **sienta** bien a nadie.
That outfit doesn't suit anyone.

¡VAMOS A PRACTICAR! SENTARSE VS SENTAR

1. El pan no le _sienta_ bien a ella. (presente)
2. No quiero _sentarme_ al lado de la ventana en el avión. (presente)
3. ¿Puedes _sentar_ a los comensales a la mesa? (poder + infinitivo)
4. Esos zapatos de plumas no _sientan_ a casi nadie. (presente)

sentirse
to feel / to be offended

> In the reflexive form when the action falls on ourselves.
>
> Significant change in meaning

No **me siento** bien.
I don't feel well.

Creo que tu hermana **se sintió** conmigo por lo que dijiste.
I think your sister was a little offended by what you said.

sentir
to feel

¿**Sientes** esa brisa?
Do you feel that breeze?

¡VAMOS A PRACTICAR! SENTIRSE VS SENTIR

1. Creo que tu mamá _se sintió_ contigo. (pretérito simple)
2. Los niños _se sintieron_ frío en esa habitación. (pretérito simple)
3. Mi hermana no _me siente_ bien. (presente)
4. Lo _siento_ . (yo, presente)

sorprenderse
to become surprise

> In the reflexive form when the action falls on ourselves.

Me sorprende que todavía estés aquí.
I'm surprised you're still here.

No **me sorprenderé** si me dices que cambiaste de trabajo.
I won't be surprised if you tell me that you changed jobs.

sorprender
to surprise

Raquel siempre **sorprende** a su madre con bonitos flores.
Raquel always surprises her mother with beautiful flowers.

¡VAMOS A PRACTICAR! SORPRENDERSE VS SORPRENDER

1. No _me sorprende_ que se hayan separado, ya no se divertían juntos. (yo, sorprende)
2. Los jefes _sorprendieron_ a sus empleados con una paga extra por vacaciones. (pretérito simple)
3. Voy a _sorprender_ a mi hijo y le regalaré un coche cuando se gradúe. (ir a +infinitivo)
4. ¿No _te sorprende_ que sean de nuevo mejores amigos? (presente)

tratarse (de)
to be about

> Significant change in meaning

Esta conversación no **se trata** de ti, sino de mí.
This conversation is not about you, but about me.

En la sesión de mañana **se tratará** de corregir las traducciones.
Tomorrow's session will be all about correcting the translations.

tratar de
to try

Estoy **tratando** de abrir esta caja.
I'm trying to open this box.

¡VAMOS A PRACTICAR! TRATARSE VS TRATAR

1. En esta película _se trata_ de las diferencias culturales. (presente)
2. Los marineros _tratarán_ de pescar ese atún gigante. (futuro)
3. En aquella ocasión _se trataba_ de mi trabajo, no del tuyo. (pretérito imperfecto)
4. Los perros del vecino _tratan_ de abrir la puerta. (presente)

vengarse

to get revenge / to avenge

> To emphasize

No te preocupes, algún día **nos vengaremos**.
Don't worry, one day we will avenge ourselves.

Los niños del barrio **se vengaron** de los otros niños lanzándoles globos de agua.
The neighborhood children took revenge on the other children by throwing water balloons at them.

vengar

to avenge

Andrés **vengó** la muerte de su madre disparando a los asesinos.
They say that Andrés avenged the death of his mother by shooting the assassins.

¡VAMOS A PRACTICAR! VENGARSE VS VENGAR

1. Elia __Se vengó__ de su jefe mandando un email a toda la oficina donde contaba todos sus secretos. (pretérito simple)
2. Dice que va a __vengar__ la muerte de su esposa. Nadie sabe lo que va a hacer. (él, ir a +infinitivo)
3. Todos están tranquilos, nadie quiere __vengarse__. (presente)
4. __Vengó__ a su madre escribiendo una carta en los periódicos. (ella, pretérito simple)

vestirse
to get dressed

> In the reflexive form when the action falls on ourselves.

¡**Me visto** rapidísimo y nos vamos!
I'll get dressed quickly and then we'll go.

Los niños **van a vestirse** y luego desayunarán.
Los niños **se van a vestir** y luego desayunarán.
The children are going to to get dressed and then go to breakfast.

vestir
to wear / to dress

Ana **viste** a sus muñecas con trajes de princesas.
Ana dresses her dolls in princess costumes.

¡VAMOS A PRACTICAR! VESTIRSE VS VESTIR

1. Siempre _Me visto_ después de maquillarme. (yo, presente)
2. Siempre _visto_ a mis hijos después de que desayunan. (yo, presente)
3. Ella _se viste_ muy formal para ir a trabajar. (presente)
4. Ellos _visten_ a sus hijos con ropa muy cara. (presente)

volverse + adj

to become / to get

> Significant change in meaning

Mi amiga **se volvió** un poco loca.
My friend became a little crazy.

Antonio **se vuelve** agresivo cada vez que toma alcohol.
Antonio becomes aggressive every time he drinks alcohol.

volver

to come back

Mi padre **vuelve** esta tarde de Chicago.
My father returns this afternoon from Chicago.

¡VAMOS A PRACTICAR! VOLVERSE VS VOLVER

1. No ~~nos~~ volveremos a ese restaurante. No nos gustó la comida ni el servicio. (futuro)
2. Ella va a ~~~~ volverse loca si sigue saliendo tan tarde del trabajo. (ir a + infinitivo)
3. Ana vuelve de Barcelona en tren, su coche se estropeó. (presente)
4. Los hijos de Maite se volvieron un poco maleducados desde que ella los consiente tanto. (pretérito simple)

113

ANSWERS

ABRAZARSE. 1. abraza 2. nos abrazamos 3. se abrazan 4. abrazó
ACERCARSE (A). 1.acercó 2. nos acercaremos 3. acercar 4. se acercará
ACORDARSE (DE). 1. se acordaron 2. acordaron 3. acordarme 4. acordar
ACOSTARSE. 1. nos acostamos 2.acuestas 3. acostarnos 4. acostaron
AFEITARSE.1. me afeitaré 2. te afeites 3.afeitar 4.afeitan
AGACHARSE. 1. te agaches 2. te estás agachando 3. agachó 4. agacha
AHOGARSE. 1.ahogó 2. se ahogaron 3. ahogarse 4. ahogan
ALEGRARSE (DE). 1. se alegra 2. alegra 3. se alegraron 4. alegran
ALEJARSE (DE). 1. alejarme 2. aleja 3. se alejaron 4. aleja
APOYARSE (EN). 1. apoyan 2. nos apoyaremos 3. apoyarán 4. me apoyo
APROVECHARSE (DE). 1. se aprovechó 2. aproveché 3. se aprovecha 4. aprovecharon
ARREPENTIRSE (DE). 1. me arrepentí 2. te arrepientas 3. te arrepientes 4. arrepentirme
ASOMARSE (POR), (A) 1. te asomes 2. asomas 3. asomaron 4. me asomé
ASUSTARSE. 1. me asustaba 2. asusta 3. nos asustamos 4. asustarán
ATREVERSE (A). 1. te atreverías 2. nos atrevimos 3. se atreverán 4. atreverme
AVERGONZARSE (DE). 1. te avergüenzas 2. avergüenzas 3. avergonzaron 4. se avergüenza
BAJARSE. 1. se bajaron 2. bajar 3. se bajó 4. baja
BAÑARSE. 1. bañarse 2. bañar 3. me bañé 4. bañes
BESARSE. 1. besaba 2. se besan 3. beses 4. nos besamos
CAERSE. 1. me caí 2. caerá 3. se cayeron 4. caen
CALLARSE. 1. se calla 2. calló 3. callaron 4. se callaron
CANSARSE (DE). 1. me cansé 2. cansa 3. se cansará 4. cansa
CASARSE (CON). 1. casarme 2. casar 3. se casen 4. nos casaremos
COLARSE. 1. se cuele 2. colar 3. se coló 4. colar
COMPROMETERSE (A), (CON). 1. me comprometí 2. me comprometí 3. se comprometerán 4. comprometerme
CONECTARSE. 1. conectarme 2. he conectado 3. conecta 4. se conectaron
CONFORMARSE (CON). 1. te conformes 2. conformen 3. se conforma 4. conformaremos
CONVERTIRSE (EN). 1. se convirtió 2. se convirtió 3. convierte 4. conviertas
CREERSE. 1. se cree 2. creían 3. creas 4. se cree
DARSE CUENTA (DE QUE). 1. te diste cuenta 2. se da cuenta 3. se darán cuenta 4. se daría cuenta
DARSE PRISA. 1. darte prisa 2. dense prisa 3. te das prisa 4. darme prisa

DARSE POR VENCIDO. 1. me doy por vencido 2. se dará por vencida 3. se dieron por vencidos 4. se dio por vencido
DESMAYARSE. 1. me desmayé 2. desmayarse 3. te desmayarías 4. me desmayo
DESPEDIRSE (DE). 1. os despedisteis 2. despedir 3. despídelo 4. nos despediremos
DESPERTARSE. 1. despertarme 2. despertarme 3. nos despertamos 4. despertarla
DIVERTIRSE. 1. divertirse 2. me divierto 3. divirtieron 4. divertirán
DIVORCIARSE (DE). 1. divorciarse 2. divorciar 3. se divorciarán 4. te divorciaste
ENAMORARSE (DE). 1. se enamoró 2. enamoran 3. se enamoró 4. enamoran
ENCARGARSE (DE). 1. nos encargaremos 2. encargar 3. encargarme 4. encargar
ENCONTRASE (CON). 1. me encontré 2. encontrarás 3. encontré 4. se encuentra
ENFADARSE (CON). 1. enfadó 2. nos enfadamos 3. se enfadaban 4. enfadar
ENFOCARSE (EN). 1. enfocarme 2. enfocarnos 3. enfocan 4. enfocas
ENOJARSE (CON). 1. te enojes 2. enojes 3. se enojaron 4. enojó
ENROLLARSE (CON). 1. se enrolla 2. se enrollaron 3. enrolla 4. enrollar
EQUIVOCARSE. 1. me equivoqué 2. me equivoco 3. equivocarte 4. equivocándote
FIARSE (DE). 1. te fíes 2. fiar 3. fiarte 4. he fiado
FIJARSE (EN). 1. se fijó 2. fijarán 3. se fijarán 4. fijar
GANARSE LA VIDA. 1. te ganas la vida 2. me ganaba la vida 3. ganarme la vida 4. se gana la vida
GRADUARSE. 1. se graduó 2. graduaste 3. graduarse 4. graduar
HACERSE (CON). 1. hacemos 2. se hizo 3. hacer 4. se hará
HACERSE DAÑO. 1. haría daño 2. me hacen daño 3. hacer daño 4. me hacen daño HACERSE EL TONTO. 1. se hicieron los tontos 2. se hace la tonta 3. se hará la tonta 4. se hizo el tonto
HARTARSE (DE). 1. se hartó 2. me harté 3. harta 4. hartaron
HUNDIRSE. 1.hundió 2. se hundió 3. hundirás 4. se hundió
IRSE. 1. iremos 2. nos vamos 3. ir 4. se van
JACTARSE (DE). 1. se jactan 2. se jactaba 3. se jacta 4. jactarse
JUBILARSE. 1. me jubilaré 2. jubilar 3. jubilarme 4. jubilan
LAVARSE. 1. lávense 2. me lavo 3. te lavaste 4. lavaba
LEVANTARSE. 1. se levantaron 2. levantar 3. me levanté 4. levanto
LLAMARSE. 1. me llamo 2. llamé 3. se llaman 4. llama
LLEVARSE. 1. llevó 2. llevar 3. se llevó 4. llevaste

LLEVARSE (BIEN/MAL) CON. 1. nos llevaremos 2. se llevan 3. me llevaba 4. llevarme
MAQUILLARSE. 1. maquillarme 2. maquillaré 3. se maquilla 4. maquillar
MARCHARSE. 1. se marchó 2. marchan 3. marcharme 4. marchará
MEJORARSE. 1. te mejores 2. ha mejorado 3. mejorar 4. te mejoras
METERSE CON. 1. se metieron con 2. te metas con 3. se mete con 4. meterme con
METERSE EN. 1. mete 2. meternos 3. te meterás 4. meter
MOJARSE. 1. mojé 2. nos mojamos 3. mojarse 4. se mojaron
MORIRSE. 1. se murieron 2. morirán 3. me moría 4. morir
MUDARSE. 1. nos mudamos 2. os mudáis 3. se mudó 4. mudan
NEGARSE (A). 1. se negó 2. se niega 3. niegas 4. negó
OBSESIONARSE (CON). 1. obsesionarme 2. te obsesionaste 3. obsesionarte 4. se obsesiona
OCURRIRSE. 1. me ocurrió 2. ocurrió 3. nos ocurrió 4. ha ocurrido
OLVIDARSE (DE). 1. olvidó 2. se olvidaron 3. se olvida 4. olvidarlo
PARECERSE (A). 1. se parece 2. parece 3. se parecen 4. parecía
PASARSE DE. 1. se pasó 2. pasa 3. te pases 4. pasa
PEINARSE. 1. peinaba 2. peinarme 3. peinar 4. péinate
PERDERSE. 1. se han perdido 2. perdí 3. me he perdido 4. perder
PONERSE DE ACUERDO. 1. os pusisteis de acuerdo 2. se pusieron de acuerdo 3. se ponen de acuerdo 4. pónganse de acuerdo
PONERSE. 1. puso 2. ponerme 3. se puso 4. poner
PORTARSE (BIEN/MAL). 1. se portan 2. portarán 3. se portaron 4. portaba
PREOCUPARSE (DE), (POR). 1. me preocupo 2. preocupa 3. nos preocupamos 4. preocupa
PREPARARSE (PARA). 1.preparar 2. prepararme 3. preparando 4. se prepararon
PRESENTARSE. 1. presentar 2. me presentaré 3. se han presentado 4. presentará
QUEDARSE. 1. quedamos 2. quedar 3. me queda 4. quedarte
QUEJARSE (DE). 1. te quejas 2. quejarte 3. quejarme 4. se quejó
QUITARSE. 1. quitarse 2. quita 3. quitémonos 4. quitar
RASCARSE. 1. rascándose 2. rascas 3. te rasques 4. rascando
RECONCILIARSE (CON). 1. se reconciliaron 2. reconciliarse 3. se reconciliarán 4. se reconcilien
RENDIRSE. 1. se rendirán 2. se rindieron 3. rendirme 4. rendir
RESFRIARSE. 1. se resfriaron 2. resfriarnos 3. se ha resfriado 4. resfriarse
RESISTIRSE (A). 1. se resistía 2. resista 3. resistirme 4. resistirá
SALUDARSE. 1. se saludaron 2. saludarán 3. saludarse 4. saluda
SENTARSE. 1. le sienta 2. sentarme 3. sentar 4. sientan

SENTIRSE. 1. se sintió 2. sintieron 3. se siente 4. siento
SORPRENDERSE. 1. me sorprende 2. sorprendieron 3. sorprender 4. te sorprende
TRATARSE (DE). 1. se trata 2. tratarán 3. se trataba 4. tratan
VENGARSE (DE). 1. se vengó 2. vengar 3. vengarse 4. vengó
VESTIRSE. 1. me visto 2. visto 3. se viste 4. visten
VOLVERSE + ADJ. 1.volveremos 2. volverse 3. volvió 4. se volvieron

Printed in Great Britain
by Amazon